Ateliê Editorial

CONSELHO EDITORIAL
Beatriz Mugayar Kühl
Gustavo Piqueira
João Angelo Oliva Neto
José de Paula Ramos Jr.
Lincoln Secco
Luís Bueno
Luiz Tatit
Marcelino Freire
Marco Lucchesi
Marcus Vinicius Mazzari
Marisa Midori Deaecto
Miguel Sanches Neto
Paulo Franchetti
Solange Fiúza
Vagner Camilo
Wander Melo Miranda

SABRINA STUDART
FONTENELE COSTA

MODOS DE MORAR
NOS APARTAMENTOS
DUPLEX RASTROS DE MODERNIDADE

Copyright © 2021 Sabrina Studart Fontenele Costa
Direitos reservados e protegidos pela Lei 9.610
de 19 de fevereiro de 1998.

É proibida a reprodução total ou parcial sem autorização,
por escrito, da editora.

Processo Fapesp n. 2019/19129

DADOS INTERNACIONAIS DE CATALOGAÇÃO NA PUBLICAÇÃO (CIP)
(CÂMARA BRASILEIRA DO LIVRO, SP, BRASIL)

Costa, Sabrina Studart Fontenele
Modos de morar nos apartamentos duplex : rastros
de modernidade / Sabrina Studart Fontenele Costa. --
Cotia, SP : Ateliê Editorial, 2021.

ISBN 978-65-5580-044-9

1. Apartamentos 2. Arquitetura de interiores
3. Arquitetura 4. Arquitetura – Projetos 5. Moradias I. Título.

21-83939   CDD-720

Índices para catálogo sistemático:
1. Arquitetura 720
Maria Alice Ferreira – Bibliotecária – CRB-8/7964

Direitos reservados à ATELIÊ EDITORIAL
Estrada da Aldeia de Carapicuíba, 897
06709-300 | Granja Viana | Cotia | SP | Brasil
t. (11) 4702-5915 | contato@atelie.com.br | www.atelie.com.br
facebook.com/atelieeditorial | blog.atelie.com.br
2021
Printed in Brazil | Foi feito depósito legal

PARA LINA,
QUE ACOMPANHOU PARTE DESTA PESQUISA
VISITANDO CASAS E CONJUNTOS
TRAZENDO ALEGRIA E LEVEZA A TODO O PROCESSO

PREFÁCIO
p. 9

INTRODUÇÃO
A MULHER
E A CASA
p. 15

HABITAÇÃO
MÍNIMA E
A INVENÇÃO
DA TIPOLOGIA
p. 39

EXPANSÃO E
CONSOLIDAÇÃO
DA TIPOLOGIA:
OS GRANDES
CONJUNTOS
p. 97

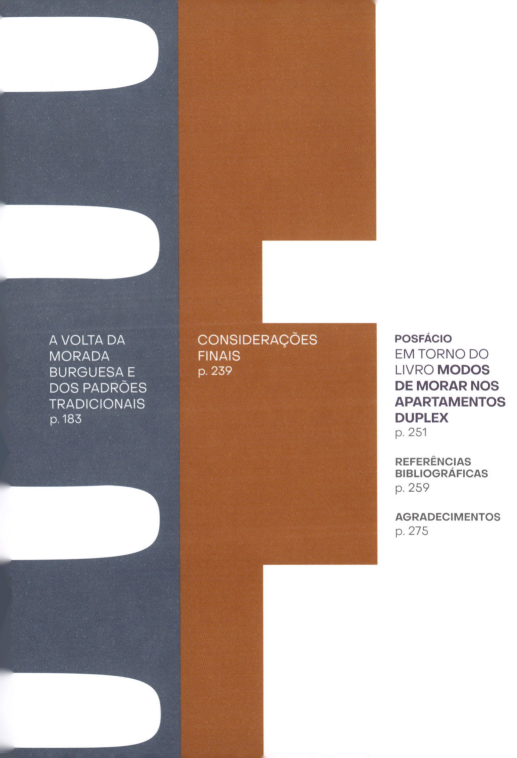

A VOLTA DA MORADA BURGUESA E DOS PADRÕES TRADICIONAIS
p. 183

CONSIDERAÇÕES FINAIS
p. 239

POSFÁCIO
EM TORNO DO LIVRO **MODOS DE MORAR NOS APARTAMENTOS DUPLEX**
p. 251

REFERÊNCIAS BIBLIOGRÁFICAS
p. 259

AGRADECIMENTOS
p. 275

PREFÁCIO

UM VELHO ditado inglês diz que a prova de um pudim é seu gosto, *the proof of the pudding is the taste.* Talvez isso valha para diversas das realizações humanas e para o abismo que vemos muitas vezes entre traço e resultado ou, como diziam nossos poetas, a distância entre intenção e gesto.

Refiro-me aqui a ideias do mundo da arquitetura e da residência. Riscos que muitas vezes vieram eivados de intenções (geralmente boas) e que passaram pelo escrutínio que só a passagem do tempo pode conferir.

Como os apartamentos duplex. Nada mais soviético: a proposta era a princípio se economizar em áreas comuns e se obter uma maior racionalidade para que todos pudessem morar. Morar com poucos metros para cada um, mas todos tendo moradia. Não qualquer moradia, mero abrigo, uma nova possibilidade de se morar em coletividade.

Entre o emblemático edifício Narkomfim, de Moisei Ginzburg e Ignaty Milinis e os duplex que hoje fazem a alegria das classes abastadas no Brasil e do mercado imobiliário, o que temos é história. Ginzburg talvez tenha sido o mais intelectualizado e arrojado arquiteto de seu tempo, entrando em boas polêmicas a respeito do futuro da cidade soviética, inclusive com seu conhecido Le Corbusier. E uma das imagens de um apartamento do Narkomfim e seus primeiros usuários nos traz uma mulher estudando. Sim, o imóvel era pro homem novo e a mulher nova teria a possibilidade de se afastar das amarras da vida doméstica e meramente familiar.

É isso que Sabrina Fontenele nos traz. A história desse modo de se pensar a habitação e suas transformações ao lidarmos com a passagem do tempo e com as mudanças de latitude e contexto social.

O duplex aportou também em Marselha, França, no contexto da reconstrução que se seguiu à Segunda Guerra Mundial, gerando outro edifício importante, dessa vez por Le Corbusier e equipe. A *Unité d'Habitation* não é aqui analisada em seu projeto apenas, o que já foi feito muitas vezes, mas em seus usos e no que algumas imagens nos permitem ver.

Se estes edifícios traziam embutidos novos possíveis modos de se viver nas cidades, as imagens que a autora nos traz nos obrigam a um enfrentamento: somos/fomos modernos? Ou modernizamos alguns espaços a partir de uma experiência fraturada de modernidade, clivada por gênero? Afinal, nessa unidade modernista emblemática, a mulher seguia bordando enquanto o homem realizava um trabalho intelectual em sua mesa de trabalho.

O Edifício Japurá, no centro novo de São Paulo, de certa forma retoma os princípios vinculados à habitação social dos primeiros duplex. Trata-se aqui de economia de recursos em habitação pequena e racionalizada. Por outro lado, Brasil e nossos padrões de se morar, o duplex agrada ao usuário por lembrar uma casa. Ao mesmo tempo, as ilustrações que acompanham as plantas do conjunto mostram mulheres em seus papéis de cuidado de si e da família: no cabelereiro, tomando sol, lavando roupa. Ou, quando, em uma versão de habitação de interesse social em São Paulo, desenhos mostram quais seriam as atividades femininas naquele pequeno duplex na área central.

Em versão abastada de autoria de nosso maior arquiteto, Oscar Niemeyer, os duplex têm seu arranjo invertido, quartos embaixo da sala, para propiciar uma intensa vida social sem que o ruído acorde os vizinhos.

Tais exemplos nos conduzem, mais uma vez para os usos, em especial para a vida doméstica da principal usuária dos espaços domésticos: a mulher. Que aparece nesses ambientes em múltiplas atividades, dos cuidados cotidianos com a casa e com o outro até as festividades e momentos de comensalidade.

Isso tudo desfaz as ideias dos primeiros duplex? De modo algum, apenas nos mostra que um projeto não se encerra jamais em si mesmo e que suas apropriações posteriores fazem parte de sua história e nos contam muito sobre os mundos sociais nos quais estão imersos. Por mais que alguns arquitetos modernos pensassem nesses espaços para qualquer homem em qualquer contexto urbano.

Após décadas de extrema atenção aos espaços urbanos, temos, nos últimos anos, uma bem-vinda emergência de estudos sobre domesticidade e seus espaços, vida privada, papéis de gênero, idade e classe social nos interiores. Soma-se a isso uma pandemia, que recolocou o espaço doméstico e seus dilemas em evidência. Parece que, de repente, todos nós percebemos nossas casas em seus potenciais, mas também em seus problemas.

Escrito antes desse trágico momento, fruto de muita pesquisa, o livro de Sabrina nos alerta para nossos espaços, doméstico e urbano. Para as intenções cumpridas e aquelas que deixaram a desejar. Para os apartamentos em espaços urbanos e sociais diversos, e para o lugar das mulheres e homens nestes e na cidade.

Para lermos agora, desejando e contando os dias de retomarmos as ruas, quem sabe, tendo aprendido um pouco mais sobre nós mesmo, leitores prontos para fazer valer o direito à cidade a todos e todas.

Profa. Dra. Silvana Barbosa Rubino
Professora livre-docente do Departamento de História da Universidade Estadual de Campinas (Unicamp).

INTRODUÇÃO
A MULHER
E A CASA

MULHERES, cotidianos familiares, memórias e projetos de moradia são temas-chave desta publicação que parte de uma tipologia arquitetônica específica para desencadear suas reflexões: os apartamentos duplex. Este desenho nasce do desejo de libertar as mulheres do trabalho doméstico, propondo espaços coletivos onde as tarefas cotidianas poderiam ser realizadas, numa sociedade que entendia a mulher como força de trabalho equivalente à do homem.

Se a libertação das mulheres é o desencadeador para se pensar o primeiro exemplar (o conjunto Narkomfin, construído em Moscou na década de 1920), o mesmo não se pode dizer em relação aos outros exemplares analisados ao longo dos capítulos. O papel das mulheres se alterna entre a dona de casa responsável pelas atividades domésticas e a nova personagem da sociedade moderna que usufrui de liberdade para viver a cidade.

A discussão ocorre, portanto, em função dos papéis que as mulheres ocupam em cada um desses espaços, buscando analisá-las como usuárias, seja na fase de projeto ou nos anos de vivência e apropriação. Consequentemente, a proposta insere-se de modo direto na discussão que tem ganhado força nos últimos anos: questões de arquitetura, gênero e domesticidade. No entanto, partimos da moradora e não da profissional da arquitetura, da engenharia e do design. Neste sentido, a mulher aparece como usuária da casa, seja no momento da proposta (a mulher teórica), seja a moradora que se utilizou, apropriou e transformou o *lar moderno* (a mulher prática).

Os capítulos deste livro se propõem a entender o que a organização espacial em cada um dos conjuntos de apartamentos duplex analisados sugere em relação ao uso da casa, especialmente pelas mulheres. Personagens atuantes na história cotidiana do lar, as mulheres foram reconhecidas pela história oficial como as responsáveis pelas dinâmicas do lar e pelos cuidados com os filhos, mas somente no final do século XIX passaram a ser investigadas a partir de suas rotinas, seus movimentos, seus desgastes físicos e mentais diários.

Este livro nasceu de uma pesquisa de pós-doutorado desenvolvida no Instituto de Filosofia e Ciências Humanas da Universidade Estadual de Campinas e que contou com apoio da Fapesp (2016-2019). No entanto, o tema das mulheres —

suas casas e suas memórias — nasceu a partir da inquietação de atuar como pesquisadora da Universidade de São Paulo em um órgão sediado em uma casa de mulher, a Casa de Dona Yayá. Herdeira de uma grande fortuna e considerada mentalmente instável pouco depois de completar trinta anos, Sebastiana de Mello Freire, a Dona Yayá, foi internada em um casarão no bairro do Bexiga por mais de quatro décadas. A casa, que anteriormente fora habitação de três famílias, era originalmente um antigo chalé de tijolos que se transformou em um palacete eclético até ser adaptada no sanatório particular de Dona Yayá a partir da década de 1920.

Desde a morte de Yayá, no início da década de 1960, até o final da década de 1990, a Universidade de São Paulo, proprietária do bem por conta da lei de herança vacante, discutiu que fim dar ao imóvel, até que, em 2004, passou a abrigar a sede do Centro de Preservação Cultural (CPC-USP). Somente no final da década de 1990, o imóvel finalmente foi tombado levando em consideração os registros e a memória da exclusão e aprisionamento daquela mulher em seus espaços físicos. O trabalho da historiadora Marly Rodrigues apontava a trajetória de Dona Yayá a partir de documentos, laudos médicos, entrevistas com seus familiares. No entanto, a discussão de como tratar a memória da antiga moradora na casa e a partir da casa continuava sendo um desafio para os pesquisadores do órgão.

Durante os quatro anos em que fui funcionária do CPC, compreendia que o imóvel era um documento da forma como ela foi tratada e apontava possibilidades de narrativas. Assim, elaborei um roteiro que apresentava ao público visitante os aspectos técnicos, estilísticos e também domésticos, por seus cômodos e jardins, a partir dos dados disponíveis sobre Dona Yayá e os mais antigos moradores da casa.

Se apresentar a domesticidade da Casa de Dona Yayá mostrava-se um desafio, o que falar então dos outros espaços onde tantas mulheres passavam grande parte da sua vida? Como entender o cotidiano de solteiras, casadas, avós, mães, filhas, funcionárias, patroas, donas de casa, profissionais em seus lares? Tema de discussão e investigação constante de profissionais da arquitetura, a casa muitas vezes foi explorada somente a partir de sua materialidade, poucas vezes a partir dos usuários, especialmente se pensarmos nas moradoras.

A historiadora Michelle Perrot afirma em seu livro *Minha História das Mulheres* que escrever essa narrativa é sair do silêncio em que elas estavam confinadas. E, ao se perguntar sobre o porquê deste silêncio, responde: "Porque as mulheres são menos vistas no espaço público, o único que, por muito tempo, merecia interesse e relato. Elas atuam em família, confinadas em casa, ou no que serve de casa. São invisíveis"[1]. A autora ainda apresenta o desafio de pesquisar as mulheres comuns por conta da dificuldade de encontrar vestígios materiais que pudessem ser considerados fontes históricas, como correspondência, diários íntimos, autobiografias, declarações de amor e objetos pessoais. Muitos desses rastros foram apagados, destruídos ou desprezados, muitas vezes por elas mesmas.

1 Michelle Perrot, *Minha História das Mulheres*, São Paulo, Contexto, 2006, pp. 16-17.

A pesquisa da casa em história da arquitetura muitas vezes se utilizou dos desenhos, projetos, fotografias e memoriais das obras para uma compreensão das práticas domésticas. No entanto, Beatriz Colomina sugere o uso de novas fontes para compreender a construção de uma historiografia mais ampla e propõe analisar a relação entre os críticos, curadores, fotógrafos e outros profissionais com os arquitetos, assim como as dinâmicas que aconteciam nos ateliês e escritórios para compreender o desenvolvimento, construção e difusão de uma proposta[2].

Um exemplo dessa nova abordagem é o livro de Alice Friedman, *Women and Making of Modern Houses*, que investiga as relações estabelecidas entre arquitetos e clientes, explorando o processo de colaboração e negociação para as decisões de programa e desenho. A autora defende que as mulheres, como clientes, podem pensar novas formas de domesticidade e de alteração das casas (seja pelo uso de materiais, organização dos espaços e dos interiores), para tanto aproxima-se de seis casas de vanguarda na historiografia da arquitetura[3].

Assim, para o desenvolvimento da pesquisa de pós-doutorado mostrou-se fundamental a aproximação com outras fontes, tais como as falas dos moradores e seus objetos pessoais; ou, ainda, a aproximação com outros arquivos que não os de arquitetura.

A identificação da mulher com a casa foi reforçada pela bibliografia que aborda o tema da vida doméstica e profissional. Despina Stratigakos relata

2 Beatriz Colomina, "Collaborations: The Private Life of Modern Architecture", *Journal of the Society of Architectural Historians*, vol. 58, n. 3, pp. 462-471, 1999.

3 Alice T. Friedman, *Women and the Making of the Modern House: A Social and Architectural History*, New Haven, Yale University Press, 2006.

que nos Estados Unidos, quando os periódicos tratavam das primeiras mulheres formadas nos cursos de arquitetura buscavam associá-las à responsabilidade de projetar as casas, pois essas profissionais teriam o verdadeiro domínio das questões de domesticidade, por familiaridade e naturalidade com esse mundo[4].

O discurso que reduz a mulher à rainha do lar (mãe-esposa-dona de casa) defende a crença de uma natureza feminina, que dotaria a mulher biologicamente para desempenhar as funções relacionadas com a esfera da vida privada. Assim, não existiria realização possível para as mulheres fora do lar, nem para os homens dentro de uma casa, já que a eles pertenceriam a rua e o mundo do trabalho[5].

Walter Benjamin proclama que, no início do século XIX, o homem separou o espaço de moradia daquele do ofício[6]. Antes disso a casa não era um espaço voltado somente para os membros de uma pequena família, mas para outros membros, agregados, empregados e funcionários. A casa era muito menos parte da dicotomia público-privada que passou a se associar a ela e não suportava os tons claramente de gênero que sugerem a casa como local pertencente, antes de tudo, à mãe[7]. Quando os homens passaram a trabalhar fora do ambiente doméstico, em oficinas, fábricas e escritórios como os principais locais de produção econômica, toda uma ideologia se consolidou, fato este que justificou a divisão de gêneros entre os chefes de família e os cuidadores da comunidade.

4 Despina Stratigakos, *Where Are the Women Architects?*, Princeton, Princeton University Press, 2016.

5 Marina Maluf & Maria Lúcia Mott, "Recônditos do Mundo Feminino", em Nicolau Sevcenko (org.), *História da Vida Privada no Brasil*, São Paulo, Companhia das Letras, 1998, vol. 3: *Da Belle Époque à Era do Rádio*, pp. 367-421.

6 Walter Benjamin, *Passagens*, Belo Horizonte/São Paulo, Editora UFMG/Imprensa Oficial, 2009.

7 Hilde Heynen, "Modernity and Domesticity. Tensions and Contradictions", em Hilde Heynen & Gulsum Baydar (orgs.), *Negotiating Domesticity. Spatial Productions of Gender in Modern Architecture*, New York, Routledge, 2005, pp. 1-28.

A ciência da época colaborava para considerar as mulheres, por suas supostas fragilidades e menor inteligência, inadequadas para as atividades públicas, afirmando que o lar era o local apropriado à sua inserção social e o cuidado com a família sua preocupação prioritária[8].

Como consequência de suas naturezas diferentes, os homens eram considerados aptos para ocupar seu lugar na esfera pública de trabalho, enquanto as mulheres eram relegadas à esfera privada da casa, que se supunha que elas transformavam em um local de descanso e relaxamento para seus maridos e irmãos[9].

Neste contexto são prescritas normas bastante precisas sobre os requisitos essenciais da vida familiar; as necessidades das crianças; as formas adequadas de organizar alimentos, mobílias e móveis; o cuidado do corpo e da saúde; as melhores maneiras de equilibrar trabalho, lazer, e atividades familiares; a necessidade de limpeza e higiene. Condutas e práticas que se relacionam diretamente com o conceito de domesticidade e, portanto, com o universo feminino.

[8] Raquel Soihet, "A Conquista do Espaço Público", em Joana Maria Pedro & Carla Bassanez Pinsky, *Nova História das Mulheres no Brasil*, São Paulo, Contexto, 2016, pp. 218-237.

[9] Hilde Heynen, "Modernity and Domesticity. Tensions and Contradictions", p. 7. Tradução da autora.

DOMESTICIDADE

Segundo Christopher Reed, os valores compreendidos no conceito de domesticidade – a separação do ambiente de trabalho daquele de conforto, privacidade e foco na família – são características relacionadas à era moderna. Ainda segundo o autor,

10 Christopher Reed, *Not at Home: The Suppression of Domesticity in Modern Art and Architecture*, New York, Thames and Hudson, 1996, p. 7. Tradução da autora.

11 Hilde Heynen, "Modernity and Domesticity. Tensions and Contradictions".

12 Walter Benjamin, *Passagens*.

"domesticidade, em suma, é um fenômeno especificamente moderno, um produto da confluência da economia capitalista, os avanços na tecnologia, e noções iluministas da individualidade"[10].

Hilde Heynen afirma que a domesticidade pode, portanto, ser discutida em termos de arranjos legais; configurações espaciais; padrões comportamentais; efeitos sociais; e constelações de poder — dando origem a uma variedade de discursos que comentam ou criticam[11].

Walter Benjamin estava convencido de que os interiores das residências eram intimamente relacionados com os valores capitalistas de propriedade e ostentação. Ele ficou completamente chocado quando chegou a Moscou (entre 1926 e 1927) e percebeu a maneira como estavam tentando organizar as habitações e as comunidades. As novas formas de vida baseavam-se não em núcleos familiares, mas em associações entre adultos e crianças vivendo separadas dos pais[12]. Buscava-se, portanto, uma nova estrutura doméstica, na qual se passava mais tempo na esfera pública e menos na vida privada.

Foi pensando na diluição da família tradicional burguesa, nos novos papéis que as mulheres poderiam ocupar e na coletivização das tarefas domésticas que o complexo habitacional Narkomfin foi construído. O apartamento duplex moderno foi projetado neste edifício tendo em vista a redução das áreas íntimas familiares, como poderemos observar no Capítulo 1.

Na passagem do século XIX para o XX, Charlotte Perkins Gilman foi uma escritora conhecida por lutar por uma revolução doméstica e propor novos arranjos na vida cotidiana que permitiriam a participação feminina na vida pública e em atividades culturais. Sua proposta concentrava-se em serviços domésticos coletivos: cozinhas, lavanderias e cuidados com as crianças. Proposta esta que racionalizaria o cuidado individual de cada mulher, libertando-a dos limites de uma vida doméstica.

Seu conto "O Papel de Parede Amarelo", publicado originalmente em 1892, demonstra os limites que a vida doméstica e a sociedade machista impõem ao desenvolvimento intelectual feminino ao abordar a história de uma jovem senhora de família levada para uma casa de campo. Considerada mentalmente instável pelo seu marido, que também era médico e acreditava no repouso físico absoluto para a recuperação total de sua esposa. Para tanto, ela não está autorizada a ler, escrever ou a encontrar outras pessoas além dos empregados da casa para evitar que seu estado nervoso piore. Enquanto a história se desenvolve, a relação daquela mulher com o seu quarto — mais especificamente com o papel de parede amarelo — demonstra toda a angústia de sua privação física e emocional[13].

A vida doméstica nunca foi fácil para as mulheres. Na virada do século XIX para o XX, o trabalho era extenuante e tomava muito tempo e energia: carregar lenha, acender fogo, transportar água, processar alimentos, cozinhar, limpar o chão, esvaziar penicos, lavar as roupas à mão, passar ferro quente com brasa, engomar, confeccionar as vestimentas, entre tantas outras atividades. À medida

[13] Charlotte Perkins Gilman, *O Papel de Parede Amarelo*, Rio de Janeiro, José Olympio, 2018.

que as casas passavam a contar com eletricidade, gás e água encanada, a vida das donas de casas que tinham acesso a essa infraestrutura, objetivamente melhorava. Os lares passavam a contar com chuveiros, privadas, descargas e lâmpadas. E à mulher cabia, além das atividades domésticas cotidianas, cuidar da aparência do lar e de como este espaço se apresentava socialmente.

Angela Davis falou bastante sobre essa questão — especialmente no livro *Mulheres, Raça e Classe* — e do quanto a impossibilidade desse trabalho ser diretamente lucrativo foi responsável por ser desvalorizado e inviabilizado, sendo considerado uma forma inferior de trabalho. Segundo a autora,

> [...] apesar da proliferação de utensílios para a casa, o trabalho doméstico se manteve, em termos qualitativos, inalterado pelos avanços tecnológicos introduzidos pelo capitalismo industrial. As tarefas domésticas ainda consomem milhares de horas do ano típico de uma dona de casa[14].

14 Angela Davis, *Mulheres, Raça e Classe*, São Paulo, Boitempo, 2016, p. 231.

O discurso estabelecido sugeria que, mesmo que as mulheres tivessem uma ocupação econômica independente ou contribuíssem financeiramente para a organização familiar, elas eram avaliadas e definidas, acima de tudo, por sua atuação doméstica.

Angela Davis chamou o trabalho doméstico de maçante, improdutivo e nada criativo e sugeriu uma proposta semelhante àquela dos arquitetos modernos soviéticos:

Um dos segredos mais bem guardados das sociedades capitalistas avançadas envolve a possibilidade — a real possibilidade — de transformar radicalmente a natureza das tarefas domésticas. Uma parte substancial das incumbências domésticas das donas de casas pode de fato ser incorporada na economia industrial. Em outras palavras, as tarefas domésticas não precisam mais ser consideradas necessária e imutavelmente uma questão de caráter privado. Equipes treinadas e bem pagas de trabalhadoras e trabalhadores, indo de casa em casa, operando máquinas de limpeza de alta tecnologia, poderiam realizar de forma rápida e eficiente o que a dona de casa atual faz de modo tão árduo e primitivo[15].

15 *Idem*, p. 226.

Assim, a libertação das atividades domésticas permitiria homens e mulheres a conviverem de maneira mais igualitária em sociedade. Gwendolyn Wright, no livro *Building the Dream. A Social History of Housing in America*, apresenta o quadro norte-americano na década de 1940, no qual os apartamentos dos hotéis americanos apontavam novos arranjos domésticos com a construção de espaços próprios para ler, descansar e dormir sem a presença das cozinhas, áreas de serviço e lavanderias. As áreas que normalmente produzem cheiros, barulhos e sons estavam dispostas nas coberturas, enquanto as refeições eram feitas em restaurantes. Enquanto isso, os poucos exemplares de hotéis disponíveis para senhoras trabalhadoras apresentavam espaços diferentes de maneira a não estimular o abandono das vocações domésticas e aspirações familiares[16].

16 Gwendolyn Wright, *Building the Dream. A Social History of Housing in America*, Cambridge, The MIT Press, 1983.

17 Beatriz Colomina, *Domesticity at War*, Cambridge, The MIT Press, 2007.

18 Dolores Hayden, *The Grand Domestic Revolution*, London/Cambridge, The MIT Press, 1981.

19 Vânia Carneiro de Carvalho, *Gênero e Artefato: O Sistema Doméstico na Perspectiva da Cultura Material –* São Paulo, 1870-1920, São Paulo, Edusp/Fapesp, 2008.

Ainda sobre o contexto norte-americano, Beatriz Colomina defende que a ideia de domesticidade foi fortemente enfatizada no contexto do pós-guerra nas mídias e publicidade, especialmente naquela relacionada aos arquitetos modernos. Anúncios de jornais, programas de tevê e exposições de arte enfatizavam a importância de um lar, um jardim e uma família bem-cuidada. Neste sentido, o Museu de Arte Moderna de Nova York teve papel fundamental nas campanhas pela afirmação da arquitetura moderna, promovendo debates sobre a pré-fabricação e a funcionalização da casa[17]. Se Colomina atualiza a questão da domesticidade após a Segunda Guerra Mundial com ênfase no contexto norte-americano, a historiadora da arquitetura norte-americana Dolores Hayden foi uma das pioneiras ao tratar da questão da mulher em seu trabalho[18].

No contexto brasileiro, o livro de Vânia Carneiro de Carvalho, *Gênero e Artefato: O Sistema Doméstico na Perspectiva da Cultura Material*, tem como objeto de estudo específico a casa e, dessa maneira, esforça-se para construir uma história do gênero a partir da cultura material, tornando-se bibliografia referencial para se discutir as questões de domesticidade[19].

O presente trabalho busca, portanto, refletir sobre as mudanças na relação entre homens e mulheres nos lugares de intimidade e sociabilidade; ócio e trabalho; práticas de conforto, higiene e prazer; tendo como fio condutor o desenho do apartamento duplex. Espaços projetados para grupos sociais de perfis dos mais variados: desde o funcionário público da recém-transformada sociedade soviética, aos conjuntos habitacionais do pós-guerra europeu até o contexto brasileiro com as propostas governamentais que buscavam resolver as questões da demanda habitacional e, ainda, os grandes apartamentos de luxo de dois andares. Lares onde os dramas sociais ocorriam e transformavam ou reforçavam as hierarquias familiares.

Neste sentido, a discussão insere-se nas possibilidades de viver em conjuntos multifamiliares. Monique Eleb e Anne Debarre nos fornecem informações preciosas sobre a vida nos edifícios de habitação coletiva francesa[20], enquanto Gwendolyn Wright apresenta a forte crítica de arquitetos e as campanhas pela moralização, pois estas declaravam que o ambiente da vida em comum poderia deturpar as famílias tradicionais americanas. Afirmavam que os apartamentos encorajavam a promiscuidade sexual; a rebelião feminina; o sentimento comunista; as crianças deformadas; reiterando o mito americano de que o ambiente doméstico poderia influenciar o comportamento para o bem ou para o mal[21].

No Brasil, uma série de estudos apresenta os artifícios que os conjuntos multifamiliares utilizaram para se diferenciarem dos de baixa renda e se apresentarem como empreendimentos que cuidavam e visavam a manutenção da ordem e dos bons costumes familiares, como poderemos observar no Capítulo 3.

20 Monique Eleb & Anne Debarre, *L'Invention de l'Habitation Moderne. Paris 1880-1914*, Paris, Hazan, 1995.

21 Gwendolyn Wright, *Building the Dream. A Social History of Housing in America.*

A CASA MODERNA

A casa tornou-se um foco de atenção para os arquitetos modernos, tanto em termos teóricos com manifestos, artigos e publicações, mas também na prática. Não apenas a casa particular do cliente rico mereceu a atenção desses profissionais, pois existia, também, uma preocupação real em mudar o ambiente de todos os homens modernos — não apenas os locais mais exclusivos ocupados por grupos de elite.

A ruptura com o passado e a possibilidade de pensar novas formas de moradia condizentes com o *homem moderno* foi reforçada em vários lugares, no início do século xx. Le Corbusier defendeu a casa como máquina de morar, expressão usada em vários de seus textos e que se relacionava à tentativa de se utilizar da padronização e da industrialização para resolver o problema da habitação de acordo com um modo de morar moderno, como veremos mais detalhadamente no Capítulo 1, enquanto na Alemanha os arquitetos, designers e outros profissionais tentavam refletir sobre a demanda de habitação a partir de conjuntos coletivos funcionais, racionais e salubres, tão diferentes do que eles entendiam sobre a casa burguesa tradicional.

Tim Benton, no livro intitulado *The Modernist House*, inicia sua apresentação questionando se seria possível ter um *lar moderno* em uma *casa moderna* (trocadilho entre *home* e *house*). Afirma que a casa de Mies van der Rohe apresentada em 1931 na Exposição de Berlim, por mais bonita que fosse, assemelhava-se muito mais com um *bunker* do que com um lar. O edifício baseou-se no Pavilhão da Alemanha, construído em 1929 para a Exposição de Barcelona. O mesmo acontecia com a Villa Savoye, pois os poucos móveis existentes na casa não davam o aspecto de um lar para o edifício. Era necessário apegar-se aos valores arquitetônicos, e, na verdade, temos conhecimento de poucas imagens que tratam da ocupação da casa[22].

A busca por uma solução técnica que resolvesse os problemas da moradia para as massas era tema central entre os arquitetos modernos que se reuniam nos primeiros Congressos Internacionais de Arquitetura Moderna (CIAM), nos quais era defendida a ideia da habitação mínima e de uma vida saudável para todos, como veremos no Capítulo 1. Carlo Aymonino, em seu livro *La Vivienda Racional: Ponencias de los Congresos CIAM, 1929-1930*, de 1973, apresenta um quadro do esforço generalizado dos arquitetos europeus que se dava nas primeiras décadas do século XX por resolver o problema da habitação em massa, especialmente no que se refere aos debates, estudos e projetos que eram apresentados em Congressos Internacionais de Arquitetura Moderna[23].

Christopheer Reed, um estudioso da questão da domesticidade na arquitetura moderna, sugere que, para arquitetos como Le Corbusier ou Adolph Loos, as casas tradicionais eram marcadas pela degradação, sujeira e doença, e, dessa maneira, arruinavam a saúde e a moral dos homens. O autor defende a tese de que essa geração de arquitetos modernos reduziu as residências a máquinas de

22 Tim Benton, *The Modernist House*, London, V&A Publications, 2006.

23 Carlo Aymonino, *La Vivienda Racional: Ponencias de los Congresos CIAM, 1929-1930*, Barcelona, Gustavo Gili, 1973.

24 Christopher Reed, *Not at Home: The Suppression of Domesticity in Modern Art and Architecture.*

25 Walter Benjamin, *Passagens.*

26 Alice T. Friedman, *Women and the Making of the Modern House: A Social and Architectural History.*

morar, oferecendo o mínimo de decoração aos moradores, suprimindo, assim, os valores da domesticidade por uma arquitetura austera e vigorosa[24].

Talvez essa tenha sido uma tentativa dos profissionais, mas ao realizar esta análise corremos o risco de esquecer que as casas são ocupadas por seus moradores, que as transformam de acordo com suas necessidades e vontades, deixando seus rastros, como sugeriu Walter Benjamin[25]. Um exemplo claro disto seria a icônica Farnsworth House, de 1945, objeto de disputa entre arquiteto e cliente, entre outros motivos, por sua ocupação.

Construída em Plano, no Estado de Illinois, a famosa Casa de Vidro de Mies van der Rohe é um dos ícones arquitetônicos do século XX, para onde profissionais, estudantes e interessados deslocam-se e pagam para poder visitar. A relação entre Mies van der Rohe e a Dra. Farnsworth foi profundamente estudada por Alice Friedman no livro intitulado *Women and the Making of the Modern House*. Nessa publicação, a autora destrincha as várias etapas da relação estabelecida entre o arquiteto e sua cliente, desde o primeiro encontro, a contratação do arquiteto, até o desgaste da relação entre eles durante os anos de construção[26].

A casa demonstra as qualidades do desenho de Ludwig Mies van der Rohe — proporção e leveza em cada detalhe — num sítio que favorece seus diversos ângulos e encanta pela presença das árvores abundantes e, também, do rio Fox. O prédio é a representação física da frase "menos é mais" do arquiteto alemão pela leveza de sua estrutura

— que implanta somente aquilo que é essencial na construção; pela imagem de um volume de vidro e arestas brancas; e por seus interiores que integram todos os espaços da vida doméstica.

A construção, composta por planos livres, peles de vidro, espaços integrados, apresenta-se como um exercício da arquitetura minimalista sugerida pelo arquiteto. Para ele, a casa era um espaço de contemplação, um espaço ordenado. A mobília da casa, elemento fundamental para as práticas cotidianas e especialmente definidoras dos espaços internos nos edifícios de Mies van der Rohe, foi um dos objetos de disputa entre cliente e arquiteto. A questão se dava entre os móveis de família da Dra. Farnsworth e aqueles de design moderno desenhados pelo arquiteto alemão. A proprietária optou por aqueles que a faziam se sentir mais confortável e personificavam seus ambientes, os familiares. Pode parecer um mero detalhe na arquitetura de interiores de um prédio com as qualidades apresentadas por críticos, arquitetos e historiadores, mas não é. Cadeiras, poltronas, mesas, quadros, tapetes demonstram a personalidade de um lar e revelam as práticas dos espaços domésticos, institucionais, escolares, entre outros.

Se os arquitetos modernos propuseram e construíram casas cujas aparências eram completamente diferentes daquelas estabelecidas nas convenções, suas ocupações — ou abandono por parte dos proprietários — revelam o quanto as mesmas funcionaram ou não como lares. No entanto, é importante reforçar que a arquitetura moderna provocou uma revolução na cultura da moradia ao introduzir e reforçar temas e conceitos como: o plano aberto; a transparência entre o interior e o exterior; a moradia coletiva; a racionalização; a higiene; a eficiência; e, a ergonomia.

As generalizações em torno das ideias dos grandes mitos da arquitetura moderna, tais como Adolph Loos, Le Corbusier e Mies van der Rohe, comprometem o entendimento das ideias de outros profissionais sobre a casa e seus arranjos internos. A exemplo da arquiteta irlandesa Eilleen Gray, que defendia a casa como um híbrido entre os princípios do modernismo e suas concepções sobre o corpo humano. Ou mesmo em relação à produção do casal Eames.

Beatriz Colomina defende que Ray e Charles Eames estiveram intensamente dedicados à ideia da *casa moderna* pré-fabricada e organizada, mas com as marcas e os rastros de seus moradores. Sua produção investia não em casas pré-decoradas, mas em objetos que poderiam ser dispostos de acordo com os gostos de seus proprietários. A casa dos Eames era uma demonstração desta ideia, tudo é móvel, tudo se transforma, do mobiliário aos objetos, inclusive os painéis da fachada[27]. No entanto, mesmo essa casa é objeto de um olhar mais minucioso, no qual a autora questiona onde estão a espontaneidade, a vida íntima, o cotidiano nas casas modernas.

27 Beatriz Colomina, *Domesticity at War.*

CLIENTES, MORADORES
E A APROPRIAÇÃO DA MORADIA

Ainda tratando da *casa moderna*, Tim Benton relata que os primeiros clientes dos arquitetos de vanguarda não podem ser quaisquer clientes, mas pessoas que realmente acreditam nas propostas de seus arquitetos. O autor defende que morar nos exemplares de vanguarda é um ato de fé. São edifícios que atestam o arrojo tecnológico, mas também são complicados por apresentarem problemas técnicos – infiltração, calefação, entre outros – pouco tempo depois de inaugurados[28]. São prédios nos quais as novas técnicas são testadas, assim como as novas propostas de integração dos espaços, da ausência de elementos decorativos, de mais altivez e menos conforto. A historiografia pouco conta a respeito desses primeiros moradores e de sua vivência nestes espaços.

No entanto, é fundamental ter em vista que, enquanto para os arquitetos a moradia é um campo de experimentação de formas, programas e técnicas, para outras disciplinas — como a antropologia e a sociologia — a residência é uma manifestação social que se modifica ao longo dos tempos. A antropóloga francesa Marion Segaud, em seu livro *Antropologia do Espaço*, explica que quando se trata de analisar a habitação é impossível abstrair as sequências temporais da vida cotidiana de seus moradores. Partimos desta lógica para investigar os moradores de apartamentos duplex e sua relação com os espaços modernos propostos e habitados, comparando suas práticas com os discursos defendidos por seus promotores.

28 Tim Benton, *The Modernist House*.

29 Marion Segaud, *Antropologia do Espaço. Habitar, Fundar, Distribuir, Transformar*, São Paulo, Edições Sesc São Paulo, 2016, p. 26.

Da arquitetura fotografada e representada na mídia emerge apenas o aspecto estético formal, do qual está ausente todo traço humano. Contudo, esse silêncio das formas chama a atenção de alguns construtores, mais interessados em conhecer os comportamentos dos ocupantes e a forma como a construção é recebida no dia a dia[29].

Mais do que compreender seu desenho arquitetônico, esta pesquisa busca investigar os espaços domésticos, rotinas e interesses dos moradores dos apartamentos, visando compreender como se deu a apropriação das ideias relacionadas à proposta do morar da arquitetura moderna.

No México, o trabalho coordenado por Graciela de Garay sobre o Conjunto Habitacional Miguel Alemán buscou compreender a apropriação dos moradores no complexo e sua gestão, utilizando-se da história oral como instrumento fundamental. A pesquisa, apresentada no Capítulo 2, desenvolveu-se ao longo de três anos (1997-2000) e contou com uma equipe de historiadores, sociólogos, antropólogos e latino-americanistas que defendem a necessidade de levantar e compreender os testemunhos dos moradores na relação com os espaços físicos, suas propostas teóricas e os desafios da conservação do conjunto arquitetônico.

A história do lugar terá que ser feita sem perder de vista os testemunhos de seus habitantes, tanto seus processos de apropriação e dotação de sentidos que compartilham através de suas leituras do multifamiliar, quanto a mediação do ritmo e da memória que, por sua vez, explica as relações de homens e mulheres com seus lugares[30].

A riqueza do trabalho mexicano estimulou o desenvolvimento da pesquisa de pós-doutorado que deu origem a este livro. No entanto, compreende-se que os conjuntos aqui abordados são de outra escala — edifícios com uma quantidade bem menor de apartamentos —, sem os equipamentos coletivos de apoio e inseridos numa dinâmica urbana específica, a região central de São Paulo. A coleta destes relatos sobre a vida nos apartamentos duplex, com os aportes metodológicos da história oral, buscou problematizar e dimensionar os significados e impactos dos projetos modernos nas vidas de seus moradores.

Tendo em vista que a história da preservação ainda carece de estudos que aproximem as questões de conservação dos espaços físicos com o cotidiano de seus usuários, o fechamento de cada capítulo buscou compreender alguns dos exemplares de maneira mais aprofundada, analisando inclusive as memórias de seus moradores. Neste sentido, foram utilizadas fontes diversas — como fotografias, anúncios de jornais e revista —, associadas ao trabalho de campo e aos recursos da história oral, de maneira a ampliar a discussão sobre as possibilidades de relacionar a memória dos moradores à preservação desses bens culturais.

A pesquisa realizada buscou ainda compreender como se dá a preservação desses espaços físicos; quais adaptações foram realizadas de maneira

30 Graciela de Garay (coord.), *Rumores y Retratos de un Lugar de la Modernidad: Historia Oral del Multifamiliar Miguel Alemán 1949-1999*, México, Instituto Mora/UNAM/Facultad de Arquitectura, 2002, p. 14. Tradução da autora.

a atender às demandas da vida atual; e quem são os moradores desses espaços tão característicos de um modo de vida vinculado a meados do século XX. Assim, a análise dos projetos, o levantamento do perfil de seus usuários e da maneira como acontece a ocupação dos espaços modernos se colocam como interesse da pesquisa.

ESTRUTURA DO LIVRO

Esta publicação organiza-se em três capítulos com temáticas comuns e numa sequência temporal. O primeiro capítulo — "Habitação Mínima e a Invenção da Tipologia" — apresenta o debate sobre a questão da habitação que ocorria nas primeiras décadas do século XX e analisa a tipologia do apartamento duplex, iniciando pelo primeiro conjunto desenvolvido pelos arquitetos modernos soviéticos na década de 1920 até a utilização do modelo numa grande escala nas Unidades de Habitação propostas por Le Corbusier em meados da década de 1940. Este percurso histórico busca também refletir sobre o papel das mulheres nestes novos espaços. Aborda-se ainda a discussão sobre a preservação dos conjuntos habitacionais modernos e, de maneira mais específica, a conservação e a manutenção da Unidade de Habitação de Marselha.

O capítulo 2 — "Expansão e Consolidação da Tipologia: Os Grandes Conjuntos" — apresenta a difusão do desenho dos apartamentos duplex na Europa e na América Latina, especialmente no que se refere ao contexto pós-Segunda Guerra. No caso brasileiro, demonstra-se como a proposta chega ao Brasil e como foi utilizada em diversas iniciativas privadas e estatais. Entre os exemplos apresentados, analisa-se de maneira mais aprofundada o Edifício Japurá, na região central de São Paulo, a partir dos desenhos do arquiteto Kneese de Mello e de uma análise iconográfica do conjunto que permite pensar o papel da mulher no conjunto e os modos de vida propostos. Apresenta-se, também, o levantamento sobre as memórias dos moradores e sua rotina no conjunto.

Por fim, no capítulo 3 — "A Volta da Morada Burguesa e dos Padrões Tradicionais" — são analisados exemplares da arquitetura moderna que utilizaram a tipologia duplex na proposição de moradas para as classes ricas e privilegiadas da sociedade. Apresenta-se, também, uma reflexão sobre as mulheres paulistanas na cidade e no lar a partir de uma pesquisa nos anúncios e crônicas publicadas em periódicos. Esta aproximação visa analisar a relação da dona de casa com os conjuntos modernos inseridos na forte dinâmica da área central de São Paulo, assim como realizar uma comparação entre os usos e as transformações de dois conjuntos modernos: Eiffel e Esther.

HABITAÇÃO MÍNIMA E A INVENÇÃO DA TIPOLOGIA

EM 1927, a Exposição da Deutscher Werkbund em Stuttgart, organizada por Mies van der Rohe, reuniu arquitetos de várias partes da Europa para apresentar análises e projetos para um novo conceito do morar[1]. Os projetos resultantes da Exposição Weissenhofsiedlung, construídos em terrenos municipais, foram concebidos como um bairro com habitações de diversos tipos: unifamiliar isolada e geminada, blocos de apartamentos, que apresentavam o emprego de materiais industrializados e a inovação de sistemas construtivos.

O pôster de divulgação da mostra, desenhado por Willi Baumeister, trazia as frases "Como deveríamos viver? A habitação", tendo como fundo uma sala riscada, reforçando a ideia de desprezo dos padrões de morar do século XIX. A negação daquilo

[1] Ao todo participaram dezesseis arquitetos modernos: onze alemães (Adolf Rading, Adolf Schneck, Bruno Taut, Hans Poelzig, Hans Scharoun, Ludwig Hilberseimer, Max Taut, Mies van der Rohe, Peter Behrens, Richard Döcker e Walter Gropius); um belga (Victor Bourgeois); dois holandeses (J. J. P. Oud e Mart Stam); um austríaco (Josef Frank); e um suíço (Le Corbusier).

2 Walter Benjamin, *Passagens*.

que Walter Benjamin evocou em seu texto sobre os interiores e os colecionismos[2]. Essa exposição é apenas um exemplo das tentativas de discutir a moradia que, vinculada ao processo de industrialização, poderia suprir a demanda habitacional das metrópoles europeias.

Neste contexto, arquitetos, engenheiros e reformadores sociais analisaram os cômodos das casas, os movimentos dos membros das famílias em seus espaços e os mobiliários existentes, para lançar novos arranjos a um custo menor. A discussão cada vez mais frequente entre os profissionais se

deu em congressos, palestras, exposições e periódicos, saindo do contexto europeu e se espalhando pelos diversos continentes.

Parte das discussões desses profissionais foi apresentada numa exposição realizada em 2016 no Museu de Arte Moderna de Nova York (MOMA) cujo pôster de Willi Baumeister marcava os acessos das salas. A exposição, que abordava os interiores modernos projetados na primeira metade do século XX, contou com a curadoria de Juliet Kinchin e apresentou, em boa parte, o acervo salvaguardado no MOMA.

Exposição "How Should We Live?" (MOMA, 2016).
Foto: Autora (outubro, 2016).

3 Moisei Yakovlevich Ginzburg foi um teórico e prático da arquitetura soviética. Seu artigo "Estilo e Época", de 1924, repercutiu as ideias de Le Corbusier ao propor um novo método de projeto fundado no estudo das máquinas e na aplicação de seus dispositivos à arquitetura (Jean-Louis Cohen, *O Futuro da Arquitetura desde 1889. Uma História Mundial*, São Paulo, Cosac Naify, 2013). De 1923 a 1924, atuou em vários ciclos apresentando e defendendo suas ideias relacionadas ao movimento construtivista (S. O. M. Ya Khan-Mahomedov, "Ginzburg 1892-1946", em Oleg Aleksandrovich Shvidkovskiĭ (org.), *Building in the USSR (1917-1932)*, New York, Praeger, 1971).

4 Jean-Louis Cohen, *O Futuro da Arquitetura desde 1889. Uma História Mundial.*

5 Anatole Kopp, *Arquitectura y Urbanimo Soviéticos de los Años Veinte*, Barcelona, Editorial Lumen, 1974.

A associação entre as duas exposições supracitadas não é casual. O título da exibição inaugurada no MoMA no dia 1 de outubro de 2016, *How Should We Live? Propositions for the Modern Interior*, aponta diretamente para os temas lançados na mostra de 1927 e reforça o diálogo ao instalar, logo no acesso principal da exposição, o texto da equipe de curadoria ao lado do cartaz da mostra *Die Wohnung*.

HABITAÇÃO MÍNIMA E A DISSOLUÇÃO DO LAR BURGUÊS TRADICIONAL

O conjunto soviético Narkomfin (1928-1930) é entendido como o primeiro edifício moderno que se utiliza da tipologia duplex, em uma tentativa de propor um novo modo de vida aos cidadãos russos, logo nas primeiras décadas depois da Revolução de 1917. Projetado pelo arquiteto russo Moisei Ginzburg[3], então coordenador do Comitê de Construções Estatais, o conjunto materializava discussões, anseios e propostas dos arquitetos modernos soviéticos na década de 1920.

Segundo Jean-Louis Cohen, os frequentes concursos davam forma a estas discussões, em que participavam tanto membros de entidades profissionais como arquitetos independentes[4]. Neste sentido, os trabalhadores eram os destinatários das novas políticas urbanas e dos novos espaços arquitetônicos. Anatole Kopp afirma que, desde 1926, o Estado apoiava arquitetos e instituições de pesquisa que empreendiam metódicos estudos para definir programas e expressões arquitetônicas de um novo tempo[5].

A partir de 1928, o governo central tomou a responsabilidade de desenhar e construir a habitação para a classe operária. Neste mesmo ano, Moisei Ginzburg foi indicado para organizar e coordenar o órgão responsável por essas novas construções da República Soviética. Em três meses, seu grupo produziu cinco tipologias de unidades habitacionais com diversas variações.

Milka Bliznakov aponta que Ginzburg já discutia e repensava, com o grupo dos construtivistas, as possibilidades de projetar e construir moradias para um novo modo de vida socialista[6]. Segundo Jean-Louis Cohen, "a fim de transformar os hábitos cotidianos, os edifícios deveriam ser o que denominavam de 'condensadores sociais', destinados a acelerar as mudanças na mentalidade da população"[7].

A Casa Comunal, bastante explorada e discutida pelos arquitetos do período, foi um complexo residencial com serviços integrados que demonstrou a seus moradores como o modo de vida do trabalhador soviético se diferenciava daquele burguês tradicional. Nesse período de forte modificação social, a arquitetura era entendida como uma ferramenta de transformação dos hábitos e que estimularia sentimentos de coletividade. Como afirmou Anatole Kopp: "O objetivo da arquitetura é construir uma nova estrutura de vida que reflita as aspirações da sociedade socialista e que, por sua vez, influencie a própria sociedade"[8].

Wendy Goldman, no livro *Mulher, Estado e Revolução: Política Familiar e Vida Social Soviéticas (1917-1936)*, explica que, mesmo sendo forçadas a

6 Milka Bliznakov, "Soviet Housing During the Experimental Years, 1918 to 1933", em William Craft Brumfield & Blair A. Ruble (orgs.), *Russian Housing in the Modern Age. Desing and Social History*, Cambridge, Cambridge University Press, 1993.

7 Jean-Louis Cohen, *O Futuro da Arquitetura desde 1889. Uma História Mundial*, p. 166.

8 Anatole Kopp, *Arquitectura y Urbanismo Soviéticos de los Años Veinte*, p. 128. Tradução da autora.

entrar no mercado de trabalho e em número cada vez maior, as mulheres russas ainda eram as responsáveis por todo trabalho doméstico: criar os filhos, cozinhar, limpar, costurar e remendar as roupas da família. A questão do trabalho doméstico foi debatida por Lenin, como afirma Wendy Goldman:

> Lenin falou e escreveu repetidas vezes sobre a necessidade de socializar o trabalho doméstico, descrevendo-o como "o mais improdutivo, o mais selvagem e o mais árduo trabalho que a mulher pode fazer". [...] Lenin obviamente desprezava o trabalho doméstico. Argumentava que "a verdadeira emancipação das mulheres" deve incluir não somente a igualdade legal mas também a "transformação integral" do trabalho doméstico em trabalho socializado[9].

9 Wendy Goldman, *Mulher, Estado e Revolução: Política Familiar e Vida Social Soviéticas, 1917-1936*, São Paulo, Boitempo/Iskra Edições, 2014, pp. 23-24.

Os conjuntos habitacionais pensados naquele momento buscavam, pela disposição dos apartamentos e da presença dos equipamentos coletivos, liberar a mulher trabalhadora das atividades do lar e estimular uma convivência mais intensa entre os habitantes. Refeitórios, lavanderias e creches comunitárias assumidas por trabalhadores assalariados livrariam as mulheres do trabalho doméstico, que poderiam assim ingressar na esfera pública em condições de igualdade com os homens.

Ginzburg foi um grande defensor da ideia de que a arquitetura tem a função de estimular a transformação de um novo modo de vida. Tendo em vista esta crença, propôs tipologias habitacionais variadas que visavam a dissolução da vida doméstica tradicional burguesa e a criação de apartamentos com um ou dois quartos, uma sala de estar com uma cozinha embutida e um lavatório (em alguns casos, banheiros); ou seja, espaços reduzidos nos quais os cidadãos teriam um pouco de privacidade. Suas análises levavam a crer que seria mais eficiente e econômico o empilhamento dos cômodos dos apartamentos em dois andares (chamado Tipo F) do que seu tradicional alinhamento em um corredor. Para a integração das áreas há a alternância da altura das lajes, formando o meio pavimento.

Acreditamos que um dos aspectos importantes a serem levados em consideração no projeto de novos edifícios é a dialética do desenvolvimento da vida. Eles devem ser construídos de modo a permitir a passagem gradual e natural para o uso de serviços comunais em toda uma série de áreas [...] acreditamos que é essencial criar um certo número de elementos que estimulem a passagem para formas superiores de vida social. Eles vão incentivá-lo, mas não o obrigarão[10].

A oportunidade de projetar um conjunto habitacional que abrigasse os funcionários do Comissariado do Povo para Finanças em uma região central de Moscou colocou à prova anos de estudo sobre as tipologias habitacionais. A unidade Tipo F foi adaptada para o Narkomfin, desenhado em colaboração com o estudante de arquitetura Ignatii Milinis. Além deste formato, é possível encontrar o Tipo K, com banheiro completo e uma cozinha compacta, destinada às organizações familiares em transição.

10 Moisei Ginzburg [1929] *apud* Anatole Kopp, *Constructivist Architecture in the USSR*, London, Academy Editions, 1985, p. 67. Tradução da autora.

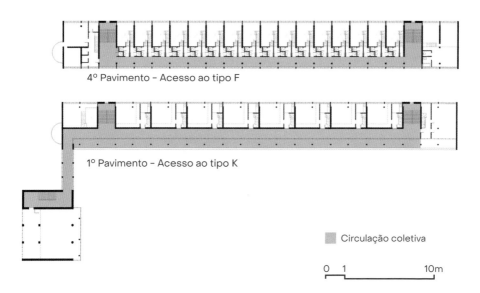

4º Pavimento - Acesso ao tipo F

1º Pavimento - Acesso ao tipo K

Circulação coletiva

0 1   10m

Conjunto habitacional Narkomfin
Planta geral
Desenho: Gabriela Piccinini e Sabrina Costa (2020).

Conjunto habitacional Narkomfin
Corte
Desenho: Gabriela Piccinini e Sabrina Costa (2020).

48

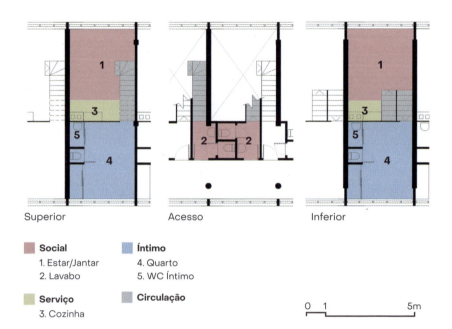

Superior Acesso Inferior

■ **Social**
1. Estar/Jantar
2. Lavabo

■ **Serviço**
3. Cozinha

■ **Íntimo**
4. Quarto
5. WC Íntimo

■ **Circulação**

0 1 5m

Conjunto habitacional Narkomfin
Apartamentos tipo F
Desenho: Gabriela Piccinini e Sabrina Costa (2020).

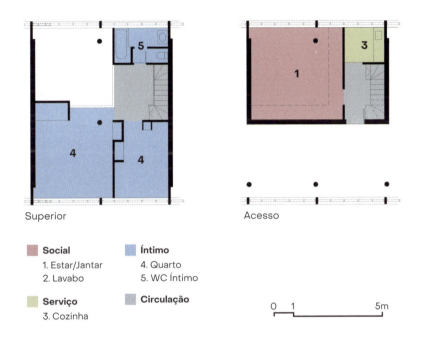

Conjunto habitacional Narkomfin
Apartamentos tipo K
Desenho: Gabriela Piccinini e Sabrina Costa (2020).

O projeto tem uma orientação única, de modo a receber maior entrada de luz, com um corredor a cada três andares. Suas células habitacionais têm de 27 a 30 m^2 e compunham espaços exíguos nos quais os solteiros ou as pequenas famílias desempenhariam as atividades que necessitavam de privacidade: relaxar, dormir, realizar sua higiene pessoal e sua vida sexual. Por outro lado, as atividades domésticas deveriam ser realizadas coletivamente nos grandes equipamentos (alocados em um outro volume): cozinha, sala de jantar, lavanderia, serviço de limpeza dos alojamentos, jardim de infância, ginásio esportivo, biblioteca e um terraço. Impunha-se, assim, uma convivência intensa entre seus habitantes.

Na sociedade soviética das primeiras décadas após a Revolução, responsável pela diluição da família burguesa e integração da força feminina ao campo do trabalho, a mulher precisava ser retratada e sua imagem difundida como aquela que tinha a possibilidade de romper as práticas domésticas tradicionais. "A mulher é, em primeiro lugar, uma trabalhadora, e a feminilidade tradicional é denegrida, pois está ligada ao antigo regime burguês"[11]. A organização comum das tarefas domésticas, os cuidados com saúde e educação das crianças pelo Estado permitiam que as mulheres trabalhassem e fossem economicamente independentes. Restavam às famílias apenas os laços psicológicos.

Uma fotografia do interior de um dos apartamentos do Narkomfin, tirada por Vladimir Gruntal[12] na década de 1930, apresenta uma mulher na sala de seu apartamento duplex, provavelmente

[11] Françoise Navailh, "O Modelo Soviético", em Michelle Perrot & Georges Duby, *História das Mulheres no Ocidente*, Porto, Edições Afrontamento, 1995, pp. 286.

[12] Vladimir Gruntal foi um fotógrafo russo que registrou alguns edifícios soviéticos e fez parte do grupo de Alexander Rodchenko.

pouco depois da inauguração do conjunto habitacional, em Moscou. A mulher encontra-se centralizada em relação ao enquadramento, no meio da imagem. Sentada em uma cadeira, com cabelos curtos, sapatos de salto e sobretudo, ela se debruça sobre uma prancheta (uma tábua sobre cavaletes) repleta de papéis. Sua aparência reforça a ideia de uma leitora concentrada em sua atividade intelectual.

A disposição dos móveis na pequena sala parece demonstrar que, apesar de várias poltronas — uma maior atrás dela e outra a sua frente —, o móvel no qual ela se encontra debruçada tem um forte protagonismo no ambiente. Enquanto essa prancheta e sua cadeira localizam-se no meio da sala, próxima à grande janela em fita é possível observar uma outra escrivaninha, outra cadeira e uma pilha de documentos.

Vânia Carvalho analisa objetos e mobiliários relacionados à temática masculina e feminina no contexto brasileiro da passagem do século XIX para o século XX. A autora reconhece símbolos da força masculina em objetos como óculos, canetas, livros, máquinas de escrever, além dos móveis.

> O mobiliário ajuda seu proprietário a trabalhar melhor. Ideias modernas e móveis adaptados querem dizer aqui uma busca de otimização entre as necessidades do trabalho e as respostas funcionais que o mobiliário pode dar. O móvel é um facilitador e, como tal, o seu uso deve ser confortável, oferecendo ao corpo agilidade, o que significa economia de tempo, também uma ideia moderna[13].

[13] Vânia Carneiro de Carvalho, *Gênero e Artefato: O Sistema Doméstico na Perspectiva da Cultura Material* – São Paulo, 1870-1920, p. 67.

Mulher no apartamento.
Fonte: <www.thecharneihouse.org>,
acesso em 2 abril 2020

Seu método pode ser aplicado ao estudo da fotografia, supracitada, no que diz respeito aos objetos relacionados ao trabalho intelectual. As poltronas são reconhecidas como mobílias utilizadas por figuras masculinas no ambiente de trabalho. Nessa imagem, a sala assume mais o perfil de um espaço de trabalho do que um ambiente de refeição ou de encontros familiares. A sala se coloca como local da mulher trabalhadora que se utiliza da leitura como instrumento de lazer ou de aperfeiçoamento profissional, hipótese reforçada pela presença da estante de livros à frente da leitora, onde volumes dispostos de maneira desorganizada e papéis pendurados representam uma vida cheia de informações.

Françoise Navailh defende ser fundamental compreender as transformações sociais por que passou a mulher soviética nas primeiras décadas após a Revolução de 1917. A mulher assumiu uma função diferente depois da dissolução da família burguesa tradicional. "A mulher obtém, desde logo, a igualdade total dos direitos civis"[14]. O novo modo de vida socialista ali apresentado propunha convivência entre os habitantes e liberava a trabalhadora das atividades domésticas. O espaço arquitetônico acolhia esta nova *mulher moderna*.

Convém informar que os arquitetos modernos soviéticos estavam atentos aos estudos sobre o espaço mínimo e a redução das áreas que os alemães vinham realizando nas primeiras décadas do século XX[15]. Na verdade, a intensa troca entre intelectuais e artistas alemães e soviéticos foi analisada por Manfredo Tafuri ao tratar das relações entre as vanguardas artísticas, a sociedade e a era da máquina[16]. No caso da discussão sobre arquitetura, profissionais alemães e soviéticos da área também exerceram uma troca intensa ainda na década de 1920, atentos às publicações, exposições e manifestos nos quais eram divulgados os resultados de pesquisas teóricas e projetuais, além de recentes construções. Entre os germânicos destaca-se a revista ilustrada *Das Neue Frankfurt* (1926-1930), que acompanhava as iniciativas ocorridas em Frankfurt am Main, divulgando-as como propaganda para várias partes do mundo.

14 Françoise Navailh, "O Modelo Soviético", p. 282.

15 Milka Bliznakov, "Soviet Housing During the Experimental Years, 1918 to 1933".

16 Manfredo Tafuri, *Esfera y el Laberinto: Vanguardias y Arquitectura de Piranesi a los Años Setenta*, Barcelona, Gustavo Gili, 1984.

17 William Curtis, *Arquitetura Moderna desde 1900*, Porto Alegre, Bookman, 2008, p. 249.

18 Eric Paul Mumford, *The CIAM Discourse on Urbanism, 1928-1960*, Cambridge, The MIT Press, 2000.

19 Penny Sparke, *The Modern Interior*, London, Reaktion Books, 2008, pp. 137-138. Tradução da autora.

20 Susan R. Henderson, *Building Culture: Ernest May and the New Frankfurt Initiative, 1926-1931*, New York, Peter Lang Publishing, 2013.

Em 1925, o prefeito daquela cidade, Ludwig Landmann, convidou Ernst May para atuar em serviços de urbanismo e de obras, sendo designado Arquiteto da Cidade. May tinha à sua disposição o aparato público na desapropriação de terras para modernização urbana e uma equipe engajada em realizar pesquisas profundas sobre logísticas de uso e de produção industrial em todas as escalas, "dos espaços externos às habitações unifamiliares, e até os mínimos acessórios"[17]. Aproximadamente vinte conjuntos habitacionais foram construídos nos arredores de Frankfurt a partir das propostas de May e de seus associados[18]. Penny Sparke defende que as análises das equipes de May eram as mais abrangentes possíveis:

> Sua equipe de design estudou psicologia, avaliações de materiais e produtos e, claro, princípios de gestão científica aplicáveis à casa. Eles examinaram todos os aspectos do design doméstico para produzir donas de casa eficientes e de conteúdo: a cor iluminou o mundo da dona de casa, tornando o trabalho doméstico mais tolerável; superfícies esmaltadas para facilitar a limpeza; e móveis com linhas suaves eliminaram a pocira em locais difíceis de alcançar[19].

A ideia da nova Frankfurt se relacionava com a de uma nova vida (*neue Leben*), em que arquitetos, reformadores sociais e planejadores urbanos se empenhavam em propor uma realidade mais saudável, moderna e individual[20]. Segundo Jean-Louis Cohen, "a equipe de May ocupava-se também com a racionalização das ações domésticas segundo princípios tayloristas"[21].

A edição número 2 da revista *Das Neue Frankfurt*, de 1929, apresenta em sua capa uma mulher de cabelos curtos, camisa, saia e saltos altos, sentada em uma cadeira olhando fixo para o leitor, tendo como fundo a representação das fachadas de um conjunto habitacional e de uma planta. Esta mulher pode ser entendida como a "nova mulher" alemã tão em evidência no período entre as duas Grande Guerras.

O termo nova mulher (*new woman*) surgiu nos Estados Unidos e representou aquelas que estavam inseridas nesse contexto de intensas transformações. Cunhado no século XIX, ressurgiu na década de 1920 associado à ideia de modernidade e de liberdade, refletido e divulgado pelas propagandas e pelo cinema norte-americano[22]. Segundo Hilden Heynen:

> Ela [a nova mulher] aparece no final do século XIX nos Estados Unidos, como resultado das novas oportunidades para mulheres no ensino superior e nas profissões, e do número crescente de mulheres entrando na cena do trabalho e na arena pública. [...]. As novas mulheres não se limitam ao lar, mas gozam de uma liberdade que a leva aos campos esportivos, à arena social e à força de trabalho[23].

A expressão se desloca para a Europa, onde ganha força, especialmente na Alemanha de Weimar, momento em que essa nova mulher representa o novo espírito da época e, frequentemente, age como

21 Jean-Louis Cohen, *O Futuro da Arquitetura desde 1889. Uma História Mundial*, p. 181.

22 Susan R. Henderson, *Building Culture: Ernest May and the New Frankfurt Initiative*, 1926-1931.

23 Hilde Heynen, "Modernity and Domesticity. Tensions and Contradictions", p. 11. Tradução da autora.

um ícone da modernidade. Ela se educa, se profissionaliza e ocupa o espaço público em busca de lazer, arte e cultura. Ela procura conquistar sua liberdade sexual e tem consciência do seu corpo, que se apresenta mais de acordo com os ideais do esporte e da moda, com seus cabelos curtos e vestidos menos cinturados. É o caso daquela figura que aparece na capa da revista *Das Neue Frankfurt*.

> Embora o estilo de vida alegre da Nova Mulher tivesse uma realidade marginal, na melhor das hipóteses, como fantasia, ressoou entre muitas jovens trabalhadoras que demonstraram pouco interesse em ter uma família, escasso entusiasmo pelo trabalho doméstico e estenderam seus anos solteiros para além da tradicional saída de casa[24].

Depois de entrar no mercado de trabalho e aumentar sua escolaridade, lentamente as mulheres eram forçadas a se voltarem para suas casas. As longas jornadas de trabalho associadas às responsabilidades com o lar resultaram em grande aumento nas taxas de mortalidade das jovens[25].

No texto "A Aventura do Mobiliário", Le Corbusier se utiliza da figura feminina como representação de uma nova era, despojada de futilidade e muito mais funcional. "A coragem, o ímpeto, o espírito de invenção com os quais a mulher realizou a revolução no seu modo de trajar são um milagre dos tempos modernos. Obrigada!"[26]

24 Susan R. Henderson, *Building Culture: Ernest May and the New Frankfurt Initiative*, 1926-1931, p. 145. Tradução da autora.

25 Hilde Heynen, "Modernity and Domesticity. Tensions and Contradictions".

26 Le Corbusier, *Precisões sobre um Estado Presente da Arquitetura e do Urbanismo*, São Paulo, Cosac Naify, 2004, p. 112.

A COZINHA E A MODERNIZAÇÃO
DOS INTERIORES

No que se refere à produção alemã de espaços voltados aos novos homens e novas mulheres, é importante destacar que entre os membros da equipe de May estava Margarete Schutte-Lihotzky[27], arquiteta responsável por diversos projetos, dentre os quais o desenvolvimento de uma cozinha mínima para ser usada nos conjuntos. Conhecida como Cozinha de Frankfurt, incorporava em seu desenho questões de praticidade e higiene concernentes a este cômodo da casa.

> A Cozinha de Frankfurt, produzida industrialmente e instalada em onze mil apartamentos de trabalhadores, revelava uma cisão que em outras reformadoras sociais aparecia de maneira mais matizada: a cozinha era apenas para o trabalho, visto como um fardo para a dona de casa. Outros lugares da habitação poderiam oferecer conforto e relaxamento — e a segregação dos odores e ruídos do lugar de trabalho deveria garantir a qualidade dos espaços para se relaxar[28].

Margarete Schutte-Lihotzky se convenceu de que a luta das mulheres por independência econômica e desenvolvimento pessoal representava a racionalização dos trabalhos domésticos como uma necessidade absoluta. Esta discussão, no entanto, já ganhava força em outras regiões, especialmente nos Estados Unidos, onde as americanas desde o final do século XIX estudavam e buscavam soluções

[27] Grete Schutte-Lihotzky ficou conhecida por sua cozinha, mas trabalhou com Ernst May no Departamento de Construção Municipal de Frankfurt em 1926 e teve diversas realizações na União Soviética, Turquia, Áustria e em vários outros países.

[28] Silvana Rubino, *Lugar de Mulher: Arquitetura e Design Moderno, Gênero e Domesticidade*, Tese de Livre-Docência, Instituto de Filosofia e Ciências Humanas, Universidade de Campinas, Campinas, 2017, p. 175.

29 A americana Catherine Beecher (1800-1878) foi uma precursora da ideia da casa mecanizada e da defesa da educação feminina.

relativas à eficiência da dona de casa, especialmente no que se referia à cozinha. Diversos livros e manuais sobre a vida doméstica analisavam e sugeriam como realizar a administração da casa, a exemplo do *A Treatise on Domestic Economy for the Use of Young Ladies at Home and at School*, de Catherine Beecher[29], que foi publicado pela primeira vez em 1841 e reeditado dezenas de vezes, considerado o primeiro guia completo para manutenção da casa.

Catherine Beecher dedicou-se a entender e analisar os trabalhos domésticos como um estudo científico. Na publicação de 1869, *The American Woman's Home*, ela declarou que a possibilidade de se desenvolver os trabalhos domésticos de maneira mais racional daria à mulher cristã o orgulho e a satisfação da criação de um lar eficiente. Assumiu-se, portanto, a responsabilidade da mulher dentro do cotidiano doméstico, tendo em vista, no entanto, que as lógicas agora estavam inseridas dentro de um método industrial. Desse modo, sua busca era por espaços mais práticos e funcionais. Em seu livro, a autora exaltava os cômodos pequenos, mais fáceis de limpar e de arrumar. Neste sentido, ela propôs uma cozinha organizada e contínua, onde estariam presentes despensa e guarda-comida (espaços até então separados da área de preparação) e uma bancada modular que combinaria superfície de trabalho, espaço de armazenar e pia. Segundo Charles Rice, "no trabalho de Catharine Beecher, por exemplo, o planejamento doméstico era uma técnica prática de domesticidade que se assentava com outras técnicas práticas, como limpeza e economia doméstica"[30].

A cozinha foi o espaço da casa mais estudado e planejado nessa busca de designers, arquitetos e reformadores domésticos por espaços mais higiênicos, eficientes e padronizados. A exposição *Counter Space: Design and the Modern Kitchen*, realizada no MOMA em 2011, com curadoria de Juliet Kinchin, buscou demonstrar como esse ambiente colaborou para a reorganização do espaço e do trabalho doméstico. Entendida muitas vezes como um laboratório, a cozinha, até então escondida na casa, tentava incorporar mudanças tecnológicas, estéticas e ideológicas discutidas por diversos profissionais.

Christine Frederick (1883-1970) foi uma economista americana que desenvolveu uma pesquisa sobre a racionalização do trabalho na cozinha patrocinada pela revista *Ladies' Home Journal*, na qual atuou como editora e escreveu uma série de artigos nos quais a autora buscou apresentar os efeitos do planejamento científico no contexto doméstico, dessa maneira, analisou cada uma das tarefas desenvolvidas, comparando o que acontecia nesse cômodo à linha de montagem de uma fábrica[31] e buscava, deste modo, uma lógica de trabalho semelhante à taylorista. Sua meta era economizar tempo e esforço para viver melhor.

Segundo Penny Sparke, Christine Frederick analisou os movimentos e deslocamentos para preparar, cozinhar e limpar dentro de uma cozinha; resultando em desenhos de diagramas que

30 Charles Rice, *The Emergence of the Interior. Architecture, Modernity, Domesticity*, London, Routledge, 2007, p. 74. Tradução da autora.

31 Anatxu Zabalbeascoa, *Tudo sobre a Casa*, São Paulo, Gustavo Gilli, 2013.

mostravam bons e maus arranjos. Entendia este espaço da casa como um laboratório de tamanho reduzido e eficiente, que permitia às mulheres trabalharem sem se cansar tanto, propôs inclusive uma cadeira giratória que facilitava os movimentos e o domínio do espaço. Para Sparke, "a dona de casa não só era vista como uma funcionária eficiente, como também era esperado que ela tivesse considerável responsabilidade gerencial em casa, tornando-a executiva e operária"[32]. Segundo ela, a razão deve organizar as práticas da modernidade não só na cozinha, mas em toda casa.

Entre os vários títulos publicados por Christine Frederick, destaca-se *The New Housekeeping*, de 1913, livro que compila seus artigos e suas ideias; foi amplamente difundido e influenciou designers, arquitetos, reformadores, entre outros. Na Alemanha, sua versão foi traduzida em 1922, inspirando diretamente profissionais que estavam repensando a *casa moderna*, em especial Erna Meyer, que atuou de maneira intensa na discussão da habitação alemã. De acordo com Silvana Rubino, *Der neuer Haushalt*, que foi lançado por Meyer em 1926 e vendeu quarenta mil exemplares até 1932, incorporava as ideias de Catherine Frederick, adaptando-as à necessidade alemã de profissionalizar a dona de casa[33]. Em sua obra, defendia fortemente a sistemática colaboração entre arquitetos e donas de casa para pensar a habitação. Erna Meyer trabalhou com J. J. P. Oud na criação de uma cozinha que foi exibida na casa desenhada para o Weissenhof Siedlung e visitada por Ernst May. Ali, a ideia era a

32 Penny Sparke, *The Modern Interior*, p. 134. Tradução da autora.

33 Silvana Rubino, *Lugar de Mulher: Arquitetura e Design Moderno, Gênero e Domesticidade.*

criação da cozinha em um nicho onde os utensílios domésticos estariam disponíveis e as áreas de trabalho organizados. Assim como Frederick, Meyer também defendia a ideia de que a mulher poderia trabalhar sentada.

Voltando ao projeto de Schutte-Lihotzky, sua proposta representa a busca de tantos estudiosos por lugares salubres, que possibilitassem uma vida mais digna à população por meio de espaços compactos, objetivo este que permeou a produção germânica do período.

Esse espírito investigativo parece ter entusiasmado arquitetos engajados com o Modernismo de outras partes da Europa, que o viram como evidência de que a tecnologia se afastava dos fins vorazes da economia *laissez-faire* e se voltava para fins socialmente responsáveis[34].

Essa discussão sobre os espaços da vida doméstica recai sobre o papel das mulheres no cotidiano familiar e na possibilidade de libertá-las de horas enfadonhas em um ambiente pouco salubre. Assim, seus movimentos foram estudados e o projeto do mobiliário foi detalhado tendo em vista o cuidado com armazenamento, preparação e consumo dos alimentos, além da eficiência e rapidez dos trabalhos na cozinha.

No entanto, algumas autoras foram além e mostraram-se dispostas a discutir a repercussão do trabalho doméstico na vida das mulheres, seus impactos psicológicos e as possibilidades de

[34] William Curtis, *Arquitetura Moderna desde 1900*, p. 249.

libertá-las deste trabalho a partir de espaços coletivos, semelhantes ao projetado nas Casas Comunais.

Angela Davis analisa a obsolescência do trabalho doméstico e sugere inclusive que estava associada ao fato de ser identificada com a mão de obra feminina.

> Hoje, para as mulheres negras e para todas as suas irmãs da classe trabalhadora, a noção de que o fardo das tarefas domésticas e do cuidado com as crianças pode ser tirado de seus ombros e dividido com a sociedade contém um dos segredos radicais da libertação feminina. O cuidado das crianças deve ser socializado, a preparação das refeições deve ser socializada, as tarefas domésticas devem ser industrializadas — e todos esses serviços devem estar prontamente acessíveis à classe trabalhadora[35].

Depois de anos de estudo sobre a cozinha, o trabalho doméstico chega à década de 1980[36] ainda comprometido e diretamente associado à mão de obra feminina. No entanto, a busca dos arquitetos modernos soviéticos da década de 1920, de coletivizar espaços domésticos e reduzir os espaços de convivência familiar, iria impactar a discussão sobre habitação mínima que ocorria no campo da arquitetura europeia nas décadas seguintes.

É possível perceber no projeto do Narkomfin um diálogo direto com a questão da habitação mínima abordada pelos alemães, em um desdobramento concreto das possibilidades intrínsecas à realidade soviética. Milka Bliznakov afirma que os

---

35 Angela Davis, *Mulheres, Raça e Classe*, pp. 233-234.

36 Ano em que foi publicado o texto sobre a obsolescência do trabalho doméstico de Angela Davis.

arquitetos modernos soviéticos tinham conhecimento e trabalharam em cima da produção alemã, incorporando várias das soluções sobre arquitetura mínima em seus projetos[37].

De fato, o debate a respeito da habitação mínima foi tema do segundo Congresso Internacional de Arquitetura Moderna (CIAM) realizado em 1929 em Frankfurt. Eric Mumford, ao analisar a fundo as discussões ocorridas em todos os encontros, informa que a decisão por esta cidade se deu pelo impacto da produção habitacional germânica da década de 1920[38]. Assumindo como tema "A Moradia para o Mínimo da Existência" (*Die Wohnung für das Existenzminimum*), os profissionais ali reunidos discutiram como resolver o problema da demanda habitacional a partir das novas lógicas construtivas, tecnológicas e domésticas.

> O mínimo ainda é uma questão de medidas, dimensões etc. mas não em sentido absoluto (técnico, por exemplo, ou estritamente biológico), mas sim relativo às condições que são genericamente "cívicas" ou, de qualquer forma, indispensáveis, e não para a sobrevivência, para uma existência social[39].

Os trabalhos coordenados por Ernst May ganharam destaque, inclusive com a realização de visitas em algumas das obras recentes na cidade.

Walter Gropius, uma das figuras mais atuantes dos CIAM assim como Le Corbusier, afirmava que, diante das mudanças nas dinâmicas familiares, algumas das funções exercidas pelas famílias deveriam

37 Milka Bliznakov, "Soviet Housing During the Experimental Years, 1918 to 1933".

38 Eric Paul Mumford, *The CIAM Discourse on Urbanism, 1928-1960*.

39 Carlo Aymonino, *La Vivienda Racional: Ponencias de los Congresos CIAM, 1929-1930*, p. 90. Tradução da autora.

ser relegadas ao Estado, de maneira que a mulher obtivesse mais liberdade para trabalhar e realizar outras atividades, inclusive remuneradas. Assim, o arquiteto alemão também defendia que a organização espacial das casas partisse de considerações biológicas, em que um espaço mínimo deveria oferecer ar, luz e calor para seus membros.

Percebe-se assim uma aproximação entre as ideias soviéticas sobre a dissolução das famílias tradicionais burguesas e os novos arranjos arquitetônicos propostos pelos arquitetos modernos alemães. Segundo Walter Gropius, em texto apresentado no CIAM de 1929,

> Assim como a era da família foi baseada na dominação dos homens, a era individual será caracterizada pelo despertar das mulheres e por sua crescente independência. A servidão das mulheres em relação aos homens desaparece, as leis da sociedade gradualmente concedem os mesmos direitos que os homens[40].

40 Walter Gropius, "Los Fundamentos Sociológicos de la Vivenda Mínima (Para la Populación Obrera de la Ciudad)", *apud* Carlo Aymonino, *La Vivienda Racional: Ponencias de los Congresos CIAM*, 1929-1930, p. 118. Tradução da autora.

41 Carlo Aymonino, *La Vivienda Racional: Ponencias de los Congresos CIAM*, 1929-1930.

Ainda segundo Aymonino, os congressos de Frankfurt e de Bruxelas — ainda que com a ausência de arquitetos soviéticos, austríacos e holandeses, que haviam realizado experiências importantes nas décadas anteriores — realizaram um grande esforço por parte dos arquitetos para afrontar e resolver a dualidade quantidade-qualidade nas casas das grandes cidades; esforço que, dentro dos próprios CIAM, representou consequentemente o momento de maior compromisso com os problemas políticos e sociais[41].

Portanto, nesse contexto, as ideias circulavam e ganhavam força entre os grupos, incentivando novos arranjos habitacionais que aliviassem o alto déficit habitacional europeu existente naquele período.

LE CORBUSIER E A DISTRIBUIÇÃO DA CASA EM DOIS PAVIMENTOS

A troca de ideias a partir dos eventos profissionais, das viagens e da circulação de publicações permitiu que os arquitetos conhecessem e aprofundassem a discussão sobre a habitação em diferentes contextos. Em 1930, Le Corbusier — que já tinha visitado a Rússia algumas vezes — sugeriu que a próxima edição do CIAM fosse realizada em Moscou, tendo em vista a discussão e produção desenvolvidas pelos arquitetos soviéticos[42]. O impacto dessas visitas é visível em sua obra, especialmente naquelas relacionadas ao morar.

No texto "Atmosfera Moscovita", de 1930, Le Corbusier registra diante de sua visita à Moscou:

> [...] a vida das novas cidades industriais da União Soviética é regida pelos serviços comunitários. [...] A cidade, portanto, é formada por grupos que comportam, cada um deles, cinco edifícios de mil pessoas, com pavilhões para bebês e uma escola para oitocentas crianças. Cada edifício compreende: quatro elementos para adultos, um elemento administrativo e de serviços comunitários, um elemento esportivo, um elemento para crianças (210 crianças); uma garagem (os carros pertencem à comunidade e todas as

42 Eric Paul Mumford, *The CIAM Discourse on Urbanism, 1928-1960*.

pessoas podem usá-los em seu dia de descanso). Não existem cozinhas nas moradias: a comida da coletividade é preparada numa fábrica alimentar central, que tem ramificações com restaurantes. Não existem lojas, mas um grande entreposto geral de produtos de consumo, ligando a um bazar instalado no vestíbulo de cada edifício[43].

43 Le Corbusier, "Atmosfera Moscovita", em *Precisões sobre um Estado Presente da Arquitetura e do Urbanismo*, p. 254.

Finaliza ainda o mesmo texto afirmando que essas novas organizações são tentativas de trabalhar, produzir e consumir com o objetivo de cooperação material e espiritual. A discussão da habitação esteve presente ao longo da trajetória de Le Corbusier. No início da década de 1920, seu livro *Vers une Architecture* apresentou a ideia da casa como máquina de morar. A mesma expressão aparece em seu *Almanach d'Architecture Moderne*, de 1925, quando afirma que se trata de uma máquina que se volta às exigências do corpo e seu conforto, como também deve trazer o sentimento de beleza indispensável para acalmar o espírito humano.

> A arquitetura atual cuida da casa, casa comum e atual, para homens normais e atuais. Ela deixa o Palácio. Estudar a casa para um homem comum, "todos que chegam", é redescobrir as bases humanas, a escala humana, a necessidade padrão, a função-tipo, a emoção-tipo[44].

44 Le Corbusier, *Almanach d'Architecture Moderne*, Paris, Éditions Crès, 1925, p. 29. Tradução da autora.

A arquitetura moderna deve se aproveitar da padronização e da industrialização para aumentar a produção de habitação nas cidades que não mais atendiam aos novos modos de vida. Por sua vez, essa arquitetura também seria responsável por estimular novas rotinas e hábitos, mais saudáveis e interessantes.

No texto "A Aventura do Mobiliário", de 1929, Le Corbusier lança algumas sugestões de como deveriam ser a organização dessas casas, com ambientes reduzidos ao mínimo suficiente, abastecidos de luz perfeita, com mobiliário desenhados e adequados à sua finalidade. Conclui seu texto afirmando que "a noção de mobiliário desapareceu. Foi substituída por um vocábulo novo: 'equipamento doméstico'"[45]. A casa moderna — considerada uma verdadeira revolução arquitetônica por Le Corbusier — beneficiaria a economia, a eficiência, a resolução de inúmeras funções modernas e a beleza, conforme apresentado no texto "O Plano da Casa Moderna", de 1919.

Em 1923 foi contratado pelo empresário Henri Frugès, que se interessou por suas ideias sobre padronização (estandardização), para construir casas operárias em Pessac; dessa maneira, o arquiteto franco-suíço projetou sobrados de dois andares que ficaram conhecidos como Quartier Frugès.

A tipologia duplex foi utilizada pela primeira vez por Le Corbusier em 1930, quando ele e Pierre Jeanneret projetaram para o empresário suíço Edmond Wanner o Inmeuble Clarté. O empreendimento em Genebra dispunha 48 apartamentos, sendo dezesseis deles duplex — ou como chamados por Le Corbusier, "appartements à double hauter" —, alocados em um mesmo conjunto[46]. Tratava-se, no entanto, de apartamentos com áreas maiores que visavam o lucro de seus empreendedores, sem a

45 Le Corbusier, "A Aventura do Mobiliário", em *Precisões sobre um Estado Presente da Arquitetura e do Urbanismo*, p. 126.

46 Willy Boesiger, *Le Corbusier: 1910-65*, Barcelona, Gili, 1971.

preocupação de abrigar um número maior de pessoas de maneira econômica ao diminuir as áreas e oferecer equipamentos coletivos, como aqueles analisados anteriormente.

O exemplo mais famoso do uso dos apartamentos duplex na obra do arquiteto foi a Unidade de Habitação de Marselha (1946-1952). O conjunto foi desenvolvido sob influência direta da experiência soviética enquanto possibilidade de habitação em grande escala inserida no contexto de grande déficit habitacional do pós-Guerra, por encomenda do então Ministro da Reconstrução e do Urbanismo, Raoul Dauntry[47]. Seus 337 apartamentos foram distribuídos em uma lâmina de cem metros de comprimento por trinta de largura, repetida em quinze pavimentos. Os apartamentos duplex se alongam de leste a oeste, acessados a cada três andares por corredores, seguindo assim o modelo do Tipo F proposto pelos arquitetos soviéticos, buscando economia na construção e aproveitamento máximo das áreas internas.

Os apartamentos apresentam possibilidades de organização variadas, mas um modelo de duplex se repete em mais de duzentas unidades que tinham, em geral, 98 m². O acesso se dá pela região próxima à cozinha e o morador pode descer ou subir um lance de escadas para chegar aos dormitórios. No caso dos apartamentos onde os dormitórios se encontram no pavimento inferior, as salas estão integradas e uma varanda se abre para esta área social. Nos apartamentos cujos dormitórios estão no pavimento superior, as salas de jantar e de estar se encontram em pavimentos diferentes.

[47] Jean-Louis Cohen, *Le Corbusier, 1887-1965. Lirismo da Arquitectura da Era da Máquina*, Lisboa, Taschen, 2005.

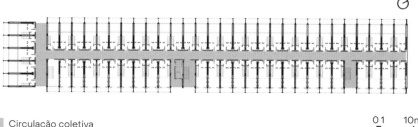

■ Circulação coletiva

0 1   10m

Unidade de Habitação de Marselha
Pavimento de acesso
Desenho: Gabriela Piccinini e Sabrina Costa (2020).

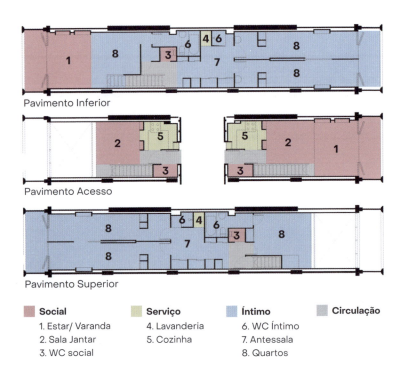

Unidade de Habitação de Marselha
Apartamentos
Desenho: Gabriela Piccinini e Sabrina Costa (2020).

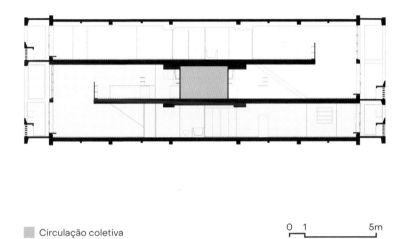

▨ Circulação coletiva

0 1   5m

Unidade de Habitação de Marselha
Corte
Desenho: Gabriela Piccinini e Sabrina Costa (2020).

Vista do terraço da Unidade de Habitação de Marselha.
Foto: Autora (janeiro, 2019).

Vista do terraço da Unidade de Habitação de Marselha.
Foto: Autora (janeiro, 2019).

Assim como no conjunto soviético, diversas atividades urbanas coletivas foram propostas no próprio conjunto: comércio, serviço, recreação e educação, distribuídas entre o terraço e outros pavimentos. O 17º andar conta com uma creche, enquanto o terraço-jardim abriga equipamentos esportivos e recreativos, além de uma piscina rasa. No entanto, a ideia contrasta com os exemplos soviéticos ao voltar para dentro dos apartamentos os espaços de preparo e consumo das refeições e acolher a vida familiar em suas salas e varandas amplas.

O projeto da cozinha dos apartamentos da Unidade de Marselha foi desenvolvido por Charlotte Perriand[48], mostrando-se fundamental para propor arranjos modernos em espaços reduzidos. A arquiteta, que havia trabalhado na equipe de Le Corbusier durante dez anos (1927-1937) no desenvolvimento de mobiliários, recebeu em maio de 1946 o convite para atuar na equipe que estava desenvolvendo o projeto da Unidade de Marselha. Projetada para ser produzida em massa, a cozinha consistia em vários blocos entregues prontos para serem colocados em uma área de 4,8 m^2 e com o formato de "U". O espaço dispunha às famílias os equipamentos necessários para o armazenamento e preparo dos alimentos e limpeza dos utensílios e louças, utilizando aço inoxidável nas bancadas e cores nos mobiliários. Cada detalhe da cozinha foi elaborado minuciosamente: um plano inclinado para colocar as panelas, móveis suficientemente altos entre a cozinha e a sala de jantar para esconder a bagunça e uma abertura para integrar esses dois ambientes.

---

48 Charlotte Perriand (1903-1999), arquiteta e designer francesa, tem uma longa trajetória de projetos de arquitetura e mobiliário na França e no Japão. Colaborou com Jean Prouvé e Le Corbusier, tendo com este último uma parceria complexa que foi explorada por Silvana Rubino, em *Lugar de Mulher: Arquitetura e Design Moderno, Gênero e Domesticidade*.

Vista da cozinha e sala de uma unidade.
Foto: Autora (janeiro, 2019).

O fato dos apartamentos se ajustarem entre pavimentos, que sobem e descem a partir do acesso feito pelo corredor central, permite uma variação na metragem das unidades habitacionais. Os desenhos, localizados na Fundação Le Corbusier, apontam um total de 23 variações. Todos os tipos apresentam a mesma modulação da cozinha, como um núcleo fixo nas unidades.

Novamente os espaços são pensados para tornar o trabalho doméstico mais prático e menos cansativo, aliviando as vidas das mulheres nas tarefas cotidianas do lar. Vale ressaltar que alívio não significa liberdade total destas obrigações, prova disto são as fotografias regularmente apresentadas dos interiores desses apartamentos duplex, em que as mulheres comumente são registradas costurando, cuidando das crianças, trabalhando na cozinha ou olhando a paisagem pela varanda.

Uma pesquisa realizada no acervo do Architecture and Design Study Center do Museu de Arte Moderna de Nova York permitiu levantar e analisar dezenas de fotografias referentes a esse edifício. Neste acervo encontram-se imagens do conjunto registradas a partir do olhar de diversos fotógrafos: Lucien Hervé, José Luis Sert, Paul Niepoort, Bernard Hoesli, Fenno Jacobs, que registram a implantação do complexo em uma zona ainda rural, seu período de construção — inclusive com a presença dos trabalhadores, a textura das fachadas e sua ocupação inicial. Beatriz Colomina destaca a importância que as imagens assumiram na promoção da arquitetura moderna:

Não é mais possível ignorar o quanto da arquitetura moderna é produzida tanto na mídia como mídia, e quanto da prática arquitetônica hoje consiste na produção de imagens[49].

Uma fotografia de Lucien Hervé se destaca ao registrar uma mulher na varanda olhando a paisagem de Marselha. Ela se localiza no centro da figura, em pé, de saia e camisa, cabelos presos, com as mãos pousadas sobre o peitoril do guarda-corpo de concreto. Sua posição central no enquadramento é reforçada pela abertura da varanda. O olhar do observador volta-se para o canto esquerdo da imagem pelas frestas de luz que entram na sala: ali encontram-se três cadeiras e uma mesinha que se destacam no enquadramento da cena. A mulher da cena não encara o seu fotógrafo, mas se coloca de costas para ele, com o rosto levemente virado como se observasse uma cena que ocorre no pavimento térreo.

Silvana Rubino, em sua tese de livre-docência, analisa o caso de duas fotografias de poltronas, nas quais suas autoras reclinam-se e escondem o rosto do fotógrafo. Lina Bo Bardi e Charlotte Perriand, segundo ela,

> Estas mulheres vinculadas ao modernismo arquitetônico usam seus corpos como medida ergonométrica para suas obras. Embora ocultem os rostos, como se quisessem se tornar anônimas, sabemos de quem se trata e em diversas ocasiões as fotografias foram utilizadas como assinaturas, como imagem-símbolo que remetia a autoria[50].

49 Beatriz Colomina, "Collaborations: The Private Life of Modern Architecture", p. 463. Tradução da autora.

50 Silvana Rubino, *Lugar de Mulher: Arquitetura e Design Moderno, Gênero e Domesticidade*, p. 3.

O ocultar o rosto remete à impessoalidade. Tomando como base este argumento, podemos compreender que a mulher que se encontra na varanda de seu apartamento, que se põe de costas para o fotógrafo e se deixa registrar apenas de perfil, demonstra a ideia de que ela é uma moradora sem diferencial daquele apartamento, que se encanta pela paisagem de Marselha. Seu anonimato reforça a ideia da satisfação de qualquer morador naquela habitação.

Nesse sentido, outra fotografia do conjunto habitacional, uma das mais famosas e difundidas obras do arquiteto franco-suíço, apresenta a cena de um casal em um dos apartamentos. As duas pessoas que estão na cena colocam-se nos vértices da imagem compondo a diagonal da composição. Na ponta inferior esquerda, uma mulher sentada em um banco de concreto está costurando um tecido xadrez. Ao seu lado, uma cesta de vime, onde ela, provavelmente, deve guardar seus equipamentos de costura. Na ponta superior direita, um homem também está sentado, mas em uma prancheta. A mulher assume, portanto, a função tradicional das jovens senhoras ao realizar pequenos trabalhos domésticos, tradicionais; enquanto isso, a figura masculina da foto desenvolve o trabalho intelectual.

No centro da imagem, é possível visualizar uma mesa baixa com um vaso de flores de desenho mais rebuscado e um cinzeiro de vidro compacto, monolítico. As duas peças parecem dialogar diretamente com as pessoas dispostas em diagonal: a mulher exerce uma ação manual e tradicional caracterizando-se como figura decorativa — as curvas de seu penteado em coque remetem ao desenho do vaso de flores; enquanto o homem se ocupa do esforço intelectual – seria ele um arquiteto, um desenhista ou um leitor? No enquadramento do fotógrafo, o banco onde ele está sentado alinha-se, exatamente, com o cinzeiro. No interior dos apartamentos misturam-se peças modernas de mobiliário a exemplo da cadeira BKF, luminárias e quadros; com peças pré-moldadas de concreto e móveis tradicionais.

> Retratos fotográficos serviram de material de apoio para algumas hipóteses de trabalho, especificamente para a demonstração do modo diferenciado de objetivação da mulher no espaço da casa, o que necessariamente implica um modo diferenciado de expor o próprio corpo ou de colocar-se ao lado do homem nas poses convencionais do retrato de estúdio[51].

Tanto Lucien Hervé quanto René Burri foram dois colaboradores ativos de Le Corbusier que registraram intensamente suas obras. No caso da Unidade de Marselha as fotos, encontradas no acervo do MoMA, demonstram que eram objeto de interesse as cenas do cotidiano dos habitantes, dentro ou fora de seus apartamentos. No entanto, a maneira com que estes personagens se posicionam — a mulher na varanda ou o casal na sala — demonstra que não se trata de uma situação espontânea, mas uma encenação desses momentos cotidianos, planejada antecipadamente para

51 Vânia Carneiro de Carvalho, *Género e Artefato: O Sistema Doméstico na Perspectiva da Cultura Material – São Paulo, 1870-1920*, p. 34.

demonstrar os papéis tradicionais que homens e mulheres ocupavam nesse ambiente inovador.

Além de Marselha, outras três Unidades de Habitação foram construídas na França seguindo a lógica espacial daquela primeira: Nante-Rezé (1952), Briey-en-Forêt (1959) e Firminy (1965). Eram edifícios de grandes dimensões, com equipamentos coletivos em seus interiores e apartamentos duplex organizados pela lógica do Tipo F soviético.

A Unidade de Habitação de Nantes-Rezé aproxima-se bastante do primeiro projeto, mas se difere em sua execução, no tamanho das unidades e na ausência de áreas comerciais. Seus 294 apartamentos são menores que os de Marselha e organizam-se em dezesseis andares acessíveis por seis ruas-corredores. A Unidade de Briey-em-Forêt, com 339 apartamentos distribuídos em dezessete andares, se diferencia por sua implantação em uma floresta; enquanto a Unidade de Firminy, com 414 apartamentos duplex, foi concluída somente dois anos depois da morte de Le Corbusier com orçamentos públicos bem menores do que a primeira da série, tendo comprometida a instalação dos acabamentos e equipamentos no conjunto.

Esses dois últimos exemplares tiveram sérios problemas na sua preservação, um contraste direto com a fama e a intensa procura da Unidade de Marselha, bastante reconhecida pela historiografia e procurada por diversos interessados na obra do mestre franco-suíço. A aceitação dos moradores da Unidade de Firminy foi bastante baixa, enquanto a de Briey-em-Fôret esteve seriamente ameaçada de demolição na década de 1980.

A PRESERVAÇÃO DA HABITAÇÃO E DAS UNIDADES PIONEIRAS

Localizado numa área central, adjacente às áreas de interesse para a especulação imobiliária, o conjunto Narkomfin ganhou, na última década, maior visibilidade após anos de abandono. Há algum tempo, por conta dos baixos aluguéis, o edifício passou a ser ocupado por diversos artistas, o que garantiu uma forte diversidade entre os moradores, mas passou por um intenso processo de deterioração física, tendo sido inclusive incluído na lista do World Monuments Watch[52], nos anos de 2002, 2004, e 2006.

No último decênio, diversas reportagens internacionais denunciaram a forte pressão que os moradores passaram a sofrer desde que um empresário russo comprou diversas unidades e se interessou por transformar o complexo habitacional em um hotel[53]. Dentro de uma lógica econômica completamente diferente do momento de sua proposta e construção, questiona-se, atualmente, se a nova proposta de ocupação do conjunto — espaços marcados historicamente pelas atividades coletivas — não aponta para uma tentativa de apagar o passado soviético do edifício. Atualmente, o conjunto passa por um processo de restauro intenso com um projeto desenvolvido por Alexei Ginzburg, neto do autor do edifício.

[52] World Monuments Fund é uma organização privada, sem fins lucrativos. Fundada em 1965, patrocina um programa contínuo para a conservação do patrimônio cultural em todo o mundo. A partir de 1995, a WMF criou um programa que procura identificar sítios do patrimônio cultural em perigo, oferecendo apoio técnico e financeiro para a sua conservação. Para outras informações, acessar o site: https://www.wmf.org

[53] Jamie Rann, "Narkomfin: Can a Utopian Housing Project Survive in Modern Moscow?", *The Calvert Journal*, abr. 2014.

A Unidade de Habitação de Marselha integrou o inventário da obra de Le Corbusier feito pelo governo francês no início dos anos 1960, como parte do processo mais geral de valoração da obra do mestre franco-suíço relacionado à tentativa de recuperação da Villa Savoye. O complexo arquitetônico faz parte das primeiras reflexões sobre a preservação da arquitetura moderna, poucas décadas depois de sua inauguração.

Ainda na década de 1960 algumas iniciativas passaram a discutir a preservação de obras canônicas da arquitetura moderna, entre elas a Villa Savoye e a Bauhaus. Assim comenta Cláudia Carvalho:

> O interesse pela preservação desse legado foi gerado primeiramente pela perda ou desfiguração de importantes ícones do Movimento Moderno, causadas não só pelas imposições de adaptação a novas funções, à atualização dos aspectos tecnológicos e ao atendimento a novos padrões de conforto e segurança decorrentes do desenvolvimento econômico e social, mas também pelas rápidas transformações do ambiente construído e as constantes ameaças de demolição[54].

No caso da Unidade de Marselha, as fachadas, o terraço e as partes comuns do edifício foram incluídos no inventário dos Monumentos Históricos da França em 1964. Em 1986, todas as áreas comuns e um dos apartamentos (nº 643, incluindo o mobiliário original projetado por Charlotte Perriand) foram declarados monumento histórico[55]. Em 1995,

54 Cláudia Suely Rodrigues de Carvalho, *Preservação da Arquitetura Moderna: Edifícios de Escritórios no Rio de Janeiro Construídos entre 1930–1960*, Tese de Doutorado, Faculdade de Arquitetura e Urbanismo, Universidade de São Paulo, São Paulo, 2006, p. 8.

55 Flávia Brito do Nascimento, *Blocos de Memórias: Habitação Social, Arquitetura Moderna e Patrimônio Cultural*, São Paulo, Edusp, 2017.

um segundo apartamento (nº 50) foi inscrito, incluindo também os equipamentos de cozinha. Este apartamento está preservado com suas peças originais e funciona, muitas vezes, como espaço de exposição para artistas contemporâneos. Desde 2008 os proprietários do imóvel, Jean--Marc Drut e Patrick Blauwar, abriram suas portas para realização de intervenções artísticas no apartamento durante o período do verão. Em 2013, por exemplo, o designer alemão Konstantin Grcic interviu na unidade citada usando referências do *punk rock* e uma paleta de cores fortes. Nota-se, portanto, uma tentativa de realizar um diálogo entre a proposta de Le Corbusier e as experiências contemporâneas.

Em 2016, a Unidade de Habitação de Marselha junto com outras dezesseis obras de Le Corbusier foram incluídas na Lista do Patrimônio da Humanidade da Unesco, pois buscaram solucionar o desafio de uma nova arquitetura que respondesse, no século XX, às necessidades da sociedade. De acordo com a Unesco, estas dezessete obras atestam a internacionalização da prática arquitetônica por todo o planeta[56].

56 Unesco, *The Architectural Work of Le Corbusier. An Outstanding Contribution to the Modern Movement*, Paris, Unesco, 2016.

Unidade de Habitação de Marselha
Foto: Autora (janeiro, 2019).

Vista do corredor do oitavo andar
Foto: Autora (janeiro, 2019).

Vista do corredor de acesso aos apartamentos.
Foto: Autora (janeiro, 2019).

Uma visita realizada no conjunto, em janeiro de 2019, possibilitou verificar o cuidado existente com os espaços comuns do edifício. Os elevadores apresentam os mesmos revestimentos e materiais dos originais, apesar do maquinário ter sido modernizado. Terraço, sala de ginástica e corredores estão bem conservados, com uma iluminação projetada para ressaltar as qualidades das áreas de circulação. Nos acessos aos apartamentos, um mobiliário desenhado por Charlotte Perriand buscou facilitar a dinâmica dos moradores — caixas de correios individuais, nichos para depósito das mercadorias entregues diariamente pelos comerciantes que se localizariam na rua de serviços: leite, pão, farinha, carne e até gelo poderiam ser colocados com regularidade em uma peça giratória que levaria diretamente a uma abertura na cozinha. Estas peças encontram-se muito bem conservadas e, mesmo sem utilidade nos dias de hoje, demonstram as facilidades que eram promovidas aos seus moradores.

Os interessados em vivenciar de maneira mais intensa o projeto de Le Corbusier podem se hospedar no Hotel Le Corbusier que conta com diversos apartamentos para locação; ou, ainda, realizar uma busca nos *sites* de aluguel por temporada que disponibilizam unidades, apresentam as qualidades do projeto arquitetônico e a bela vista de Marselha a partir de suas salas.

Visitas guiadas são realizadas diariamente pelo edifício, algumas com acesso apenas às áreas comuns, outras com possibilidade de conhecer uma das unidades duplex. Apesar do intenso fluxo de visitantes, a vida cotidiana é marcada pelos vizinhos que se identificam, pela deficiência do número de vagas de estacionamento, pelas crianças que brincam no terraço em um espaço reservado para a creche. Ali, a vida em comunidade se coloca para os habitantes que reconhecem o valor arquitetônico do complexo habitacional, como também de sua própria unidade e da rotina doméstica que ocorre em cada apartamento.

As duas unidades habitacionais que são preservadas pela legislação francesa abrem frequentemente suas portas para lembrar aos interessados, em sua maioria arquitetos, designers e estudantes, que aquela proposta doméstica foi realizada em meados do século XX, possibilitando aos visitantes reflexões sobre aquelas ideias e suas variações ao longo do tempo.

Cozinha da Unidade de Marselha hoje
Foto: Autora (janeiro, 2019).

Separação entre os quartos
Foto: Autora (janeiro, 2019).

EXPANSÃO E CONSOLIDAÇÃO DA TIPOLOGIA: OS GRANDES CONJUNTOS

AS IDEIAS e a promoção de habitação mínima foram bastante divulgadas a partir das publicações de revistas, livros e realização de exposições que apresentavam soluções para as metrópoles com altos índices de déficit habitacional. A Unidade de Habitação de Marselha impactou arquitetos, influenciou propostas e projetos em diversas partes do mundo.

Este capítulo discorre, portanto, sobre a circulação e implantação da tipologia duplex em contextos geográficos e culturais diversos. Assim, são apresentadas algumas experiências realizadas na Europa após a Segunda Guerra Mundial e no contexto da América Latina. Também são ressaltadas questões relativas à preservação e conservação de um dos exemplares brasileiros.

A Europa, ainda não refeita do desgaste provocado pela guerra, tinha problemas urgentes para resolver, especialmente aqueles relacionados ao abrigo de uma vasta população que, por ação dos bombardeios em zonas urbanas, encontrava-se privada de condições mínimas de habitação. Os projetos aqui apresentados buscaram responder, de maneira rápida e eficiente, às novas necessidades, criando um grande número de lares e reestruturando a vida comunitária.

INGLATERRA, PORTUGAL, MÉXICO E COLÔMBIA

A tipologia duplex surgiu como uma alternativa para a habitação de massa com áreas mínimas. No entanto, ainda nas primeiras décadas do século XX, algumas experiências já mostravam que esta tipologia poderia ser explorada comercialmente por famílias mais abastadas interessadas em apartamentos amplos. Em 1935, o arquiteto russo Berthold Lubetkin projetou o conjunto Highpoint II — a segunda parceria entre o arquiteto e o empresário Sigmundo Gestetner — com doze apartamentos duplex num local privilegiado de Londres. Com duas possibilidades de plantas e áreas bem generosas, a construção deste edifício demonstrava que a proposta dos arquitetos russos poderia ser aplicada para contextos socioeconômicos diversos.

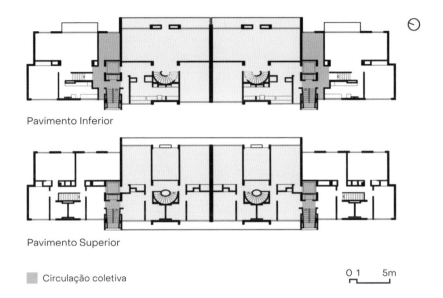

Plantas do Highpoint II
Pavimento Tipo
Desenho: Gabriela Piccinini e Sabrina Costa (2020).

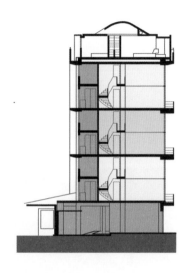

■ Circulação coletiva

Edifício Highpoint II
Corte
Desenho: Gabriela Piccinini e Sabrina Costa (2020).

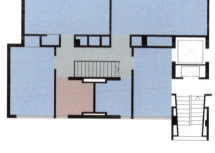

Pavimento de Acesso
ESC 1:200

0 1   5m

Pavimento Superior
ESC 1:200

0 1   5m

Edifício Highpoint II
Plantas das unidades Duplex – Tipo 01
Desenho: Gabriela Piccinini e Sabrina Costa (2020).

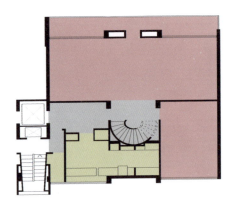

Pavimento de Acesso
ESC 1:200

0 1   5m

Pavimento Superior
ESC 1:200

0 1   5m

Edifício Highpoint II
Plantas das unidades Duplex – Tipo 02
Desenho: Gabriela Piccinini e Sabrina Costa (2020).

Nicholas Bullock afirma que a partir da década de 1950 o interesse dos ingleses pelo Movimento Moderno vai crescer enormemente, como possibilidade de criar uma nova sociedade a partir de uma nova arquitetura. Designers, arquitetos, engenheiros participaram ativamente do debate sobre a reconstrução das cidades, independentes de sua formação ou afinidade estilística. No entanto, os arquitetos modernos saíram na frente na discussão, inclusive promovendo parte dos debates dos CIAMS na Inglaterra.

> Depois de 1945, o *mainstream* da arquitetura moderna na Grã-Bretanha proporcionou a oportunidade clara de testar na prática novas ideias — formais, sociais e técnicas — mais cedo do que em qualquer outro lugar na Europa[1].

Nesse contexto, é importante destacar duas propostas do casal Smithson para a questão da habitação inglesa e a partir da utilização da tipologia duplex. Alison e Peter Smithson haviam trabalhado ativamente no debate da produção arquitetônica e urbana promovida pelos arquitetos modernos enquanto participavam do Team 10[2]. Este grupo promovia uma revisão do modelo funcionalista e inseria, na discussão sobre a cidade, a questão social, especialmente um compromisso com elementos de identidade entre a arquitetura e a cidade.

Alison e Peter Smithson reforçavam a questão do cotidiano das comunidades e da vivência urbana. Neste sentido, as dinâmicas que ocorriam nas

1 Nicholas Bullock, *Building the Post-War World. Modern Architecture and Reconstruction in Britain*, London, Routledge, 2002, p. XII. Tradução da autora.

2 Team 10 é o nome que recebeu o grupo de profissionais encarregados de organizar o X CIAM formado por Jaap Bakema, Georges Candilis, Giancarlo De Carlo, Aldo van Eyck, Alison e Peter Smithson, e Shadrach Woods. A encomenda foi feita a eles durante o IX CIAM, que aconteceu em Aix-en-Provence, em 1953. O décimo encontro ocorreu em Dubrovnik (antiga Iugoslávia), em 1956.

ruas eram elementos essenciais na estruturação do espaço urbano. Ideias que se mostravam presentes especialmente nas propostas de grande escala. No que diz respeito à sua produção arquitetônica, a questão da habitação vai nortear boa parte de suas reflexões, tendo inclusive proposto em 1956 a chamada Casa do Futuro, uma proposta que sugeria a reprodução de um modelo arquitetônico capaz de cuidar do controle, higienização e proteção de alimentos, do ar e das pessoas[3].

Os Smithson participaram da discussão sobre a demanda habitacional insistindo inclusive que os novos programas para cidades ou casas na reconstrução do pós-guerra deveriam levar em consideração o contexto cultural e ecológico de cada lugar, ideia que vai ser constantemente apresentada em suas propostas para os planos de intervenção urbana. No que se refere aos empreendimentos habitacionais, a ideia da rua-corredor é ressaltada. O casal de arquitetos dialogava com a obra de Le Corbusier — inclusive contestando suas propostas — e mostravam interesse específico na Unidade de Habitação de Marselha, como pode ser percebido no seguinte texto:

> A Unité d'Habitation demonstra a complexidade de uma manifestação artística, pois sua gênese envolve arte popular, arte histórica vista como um padrão de organização social não como uma fonte estilística (observada por Le Corbusier no Chartreuse D'Ema 1907), e ideias de reforma social e de revolução técnica "pacientemente" duraram mais de quarenta anos, durante os quais o meio social e tecnológico,

3 Beatriz Colomina, *Domesticity at War*.

em parte como resultado de suas próprias atividades, conheceu Le Corbusier na metade do caminho[4].

Em 1952, os Smithson propuseram o conjunto Golden Lane em um concurso organizado pela London City Corporation para a reconstrução de uma zona-limite da área central bombardeada de Londres. Os autores apresentavam tipologias diferentes para abrigar uma quantidade grande de moradores numa região, com espaços de circulação e convivência — as chamadas ruas-aéreas — que dariam acesso aos apartamentos e permitiriam uma integração entre os moradores. Influenciada diretamente pela ideia da rua-corredor da Unidade de Marselha, essas galerias ocorriam não no centro do edifício, mas nas fachadas, promovendo uma integração visual mais intensa com a cidade. A proposta arquitetônica sugere um novo modo de vida, no qual as ruas aéreas criam espaços coletivos mais integrados.

Os apartamentos duplex são acessados a partir destas ruas-aéreas em um deque no mesmo pavimento onde se encontra um dormitório. No pavimento abaixo ou acima do acesso, encontram-se: outro dormitório, a cozinha, a lavanderia e a sala de estar.

A proposta de Alison e Peter Smithson era uma das inúmeras inscritas no concurso, e embora eles não tenham se saído vencedores, publicaram energicamente sua proposta na imprensa, e seu projeto para Golden Lane foi inspiração para outros projetos

4 Alison Smithson & Peter Smithson, *Without Rhetoric: An Architectural Aesthetic, 1955-1972*, Cambridge, The MIT Press, 1973, p. 10. Tradução da autora.

5 Laura Mardini Davi, *Alison e Peter Smithson: Uma Arquitetura da Realidade*, Dissertação de Mestrado, Faculdade de Arquitetura e Urbanismo, Universidade Federal do Rio Grande do Sul, Porto Alegre, 2009, p. 52.

posteriores na Grã-Bretanha nos anos 60, como o conjunto Park Hill, de Lynn e Smith, e o Robin Hood Gardens, dos próprios Smithsons[5].

O projeto também foi apresentado no congresso do CIAM de 1953 e revelou ferramentas que estariam presentes em outros projetos de grande escala da dupla. Após terem realizados diversos projetos habitacionais não construídos, os Smithson desenvolveram em 1964 o projeto do complexo Robin Hood Garden, encomendado pelo London County Council para Poplar, um bairro de Londres.

O complexo é composto por dois blocos de habitação com acessos de três em três andares por meio de um espaço largo de circulação que consolidará a ideia da rua-aérea. Estes espaços configuram-se como áreas de convivência, muito mais do que lugares de circulação ou observação da paisagem, possibilitando que as crianças brinquem nos corredores ou que as mães observem seus filhos nos gramados.

Circulação coletiva

0 1   10m

Conjunto Robin Hood Garden
Lâmina e acessos aos apartamentos
duplex
Desenho: Gabriela Piccinini e Sabrina Costa (2020).

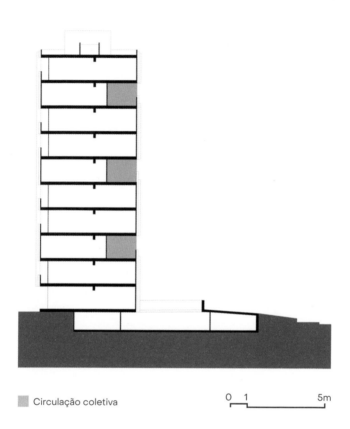

Conjunto Robin Hood Garden
Corte
Desenho: Gabriela Piccinini e Sabrina Costa (2020).

Conjunto Robin Hood Garden
Apartamentos duplex
Desenho: Gabriela Piccinini e Sabrina Costa (2020).

Nesse conjunto, todos os apartamentos são duplex — com exceção daqueles localizados no andar térreo — e são acessados a partir das circulações laterais. A cozinha encontra-se no pavimento inferior, enquanto os dormitórios e a sala de estar estão no superior. Por conta da implantação próxima a três avenidas de intenso fluxo de carros, os arquitetos decidiram que os acessos e sala de estar estão mais próximos às áreas de passagem, enquanto cozinhas e quartos ficam resguardados, protegidos dos barulhos.

As obras do conjunto foram completamente finalizadas em 1972. Ao contrário do que acreditavam seus idealizadores, seu estado físico entrou em degradação pela falta de manutenção, o que levou a Prefeitura de Londres anunciar sua demolição em 2008 para construção de um conjunto residencial mais densificado e que utilizasse as áreas dos gramados. Uma grande campanha internacional, que contou com nomes como os de Richard Rogers, Zaha Hadid, Robert Venturi e Toyo Ito, tentou evitar que isso acontecesse, buscando promover inclusive seu tombamento. No entanto, sua destruição foi iniciada em setembro de 2017.

Em Portugal, os arquitetos vinculados ao Movimento Moderno tinham como um dos focos de debate a demanda habitacional nas grandes cidades. Na década de 1940, as publicações específicas de arquitetura deram grande destaque às ideias da Carta de Atenas, de 1933, e aos princípios arquitetônicos e urbanísticos ditados por Le Corbusier. Para se ter ideia do alcance destas ideias, em fevereiro de

1948 a *Revista Arquitectura* publicou integralmente a Carta de Atenas, documento que "abre as portas ao urbanismo dos tempos modernos"[6].

Neste mesmo ano, durante o Primeiro Congresso Nacional de Arquitetos, o arquiteto Viana de Lima, discordando do uso da habitação individual nos bairros, propõe que as "ilhas insalubres [...] sejam substituídas por Unidades de Habitação" e que "sejam seguidos e adotados os princípios orientadores expressos na Carta de Atenas"[7]. O fato é que o tema da habitação já era considerado central para os arquitetos modernos portugueses e as ideias corbusierianas apontavam para uma possibilidade de atuação.

Em Lisboa, a partir de 1948, a experiência no Bairro do Alvalade, relacionada diretamente à expansão da cidade, levou em consideração os princípios da arquitetura moderna. Entre os espaços projetados destaca-se o conhecido Bairro das Estacas, que organizou 228 unidades habitacionais entre apartamentos simples e duplex tendo como referências diretas as propostas de Le Corbusier para as Unidades de Habitação de Marselha e de Nantes, a arquitetura moderna brasileira que se consolidava e os ideários presentes na Carta de Atenas. Segundo Inês Parracho Neto, esta foi a primeira experiência com apartamentos duplex em Portugal[8].

O projeto do conjunto desenvolvido pelos arquitetos Ruy Athouguia e Sebastião Formosinho Sanchez foi concebido em 1949 e finalizado em 1953. Entre seus pressupostos estavam a habitação implantada sobre pilotis; a livre circulação de

6 Sérgio Fernandez, *Percurso: Arquitectura Portuguesa, 1930-1974*, Porto, Faculdade de Arquitectura da Universidade do Porto, 1988, p. 58.

7 *Idem*, p. 63.

8 Inês Sofia Parracho Neto, *Reabilitação Arquitetônica e Renovação Urbana. O Caso do Bairro das Estacas em Lisboa*, Dissertação de Mestrado, Instituto Superior Técnico de Lisboa, Lisboa, 2015.

pedestres em seus térreos; e a transformação dos logradouros em espaços públicos.

Com os térreos voltados para comércio e circulação, os quatro pavimentos acima destinavam-se à habitação. No segundo e terceiro pavimentos, encontravam-se as unidades simples, nas quais o programa se desenvolve na mesma laje: sala, cozinha, três dormitórios e banheiros. No quarto e quinto pavimentos, localizavam-se os apartamentos duplex com o mesmo programa dos apartamentos simples, mas distribuídos em dois andares: uma escada ligava a sala e a cozinha aos dormitórios e banheiro, situados no pavimento superior.

Este projeto apresenta pela primeira vez as vias de tráfego automóvel separadas das vias pedonais, a utilização da tipologia duplex no programa habitacional, a cobertura em chapa ondulada com caleira central, que permitia um desenho puro dos volumes, com grandes varandas corridas moduladamente interrompidas por grelhas[9].

A repercussão da arquitetura moderna brasileira, amplamente divulgada a partir do livro *Brazil Builds*, de 1943, também ganhou destaque no meio acadêmico e profissional, sendo considerada por Sérgio Fernandez como "cartilha obrigatória" para os arquitetos portugueses[10]. Formosinho Sanchez, um dos autores dos prédios do Bairro das Estacas, afirma que "arquitectura brasileira é séria e cuidadosamente estudada" e que seus edifícios têm um "ar fresco, lavado, sóbrio e fundamentalmente plástico"[11].

9 Tatiana Franco Branco, *Arquitecturas do Habitar Colectivo Flexibilidade, Transformabilidade e Adaptabilidade no Bairro de Alvalade*, Dissertação de Mestrado, Instituto Superior Técnico da Universidade de Lisboa, Lisboa, 2011, p. 64.

10 Sérgio Fernandez, *Percurso: Arquitectura Portuguesa, 1930-1974*, p. 57.

11 *Idem*, p. 74.

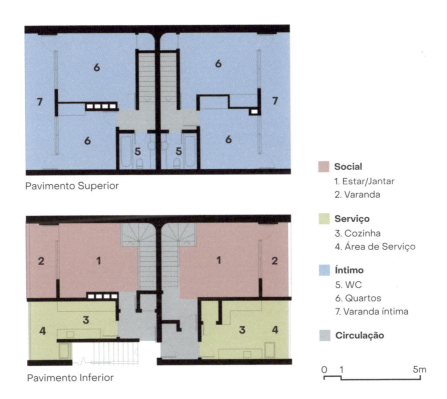

Conjunto Bairro das Estacas
Planta dos apartamentos duplex Tipo A
Desenho: Gabriela Piccinini e Sabrina Costa (2020).

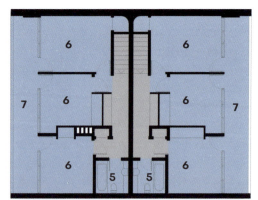

Pavimento Superior

Social
1. Estar/Jantar
2. Varanda

Serviço
3. Cozinha
4. Área de Serviço

Íntimo
5. WC
6. Quartos
7. Varanda íntima

Circulação

0 1 5m

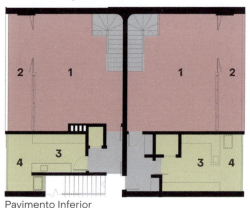

Pavimento Inferior

Conjunto Bairro das Estacas
Planta dos apartamentos duplex Tipo B
Desenho: Gabriela Piccinini e Sabrina Costa (2020).

O projeto recebeu uma menção honrosa na II Bienal de São Paulo, em 1954. Passadas mais de seis décadas desde sua inauguração, as pesquisas recentes — entre elas, o mestrado de Inês Parracho Neto — demonstram que os seus moradores se sentem bastante satisfeitos com o conjunto, especialmente pela presença de área verde nos térreos. Entre as reformas mais frequentes apontadas pela pesquisadora, encontram-se a alteração nos espaços dos térreos, com ampliações em algumas lojas e fechamentos de áreas entre os pilares para novas construções, que não estavam previstas no projeto original e que alteram a leitura do conjunto e dos percursos. Sobre as reformas internas, a partir de entrevistas com os residentes foi possível constatar o fechamento das varandas de ligação entre os quartos e a inserção de um banheiro no primeiro pavimento do apartamento duplex, de maneira que os visitantes que frequentem as áreas sociais das unidades não precisem invadir as áreas mais íntimas localizadas no pavimento superior das unidades[12].

12 Inês Sofia Parracho Neto, *Reabilitação Arquitetônica e Renovação Urbana. O Caso do Bairro das Estacas em Lisboa.*

Vista do conjunto.
Foto: Autora (abril, 2018).

A construção da Unidade de Habitação de Marselha e da organização de seus apartamentos impactou arquitetos nas realidades mais variadas. No México, o Conjunto Multifamiliar Miguel Alemán, de 1949, é mais um dos casos que dialoga diretamente com as ideias e projetos de Le Corbusier. Projetado pelo arquiteto Mario Pani, foi financiado pela Dirección de Pensiones Civiles y de Retiro e destinado aos trabalhadores do Estado, tratando-se do primeiro conjunto de renda moderada[13]. Foi uma tentativa de resolver o problema do déficit habitacional mexicano a partir de uma proposta em larga escala.

O complexo abrigava, aproximadamente, cinco mil pessoas distribuídas em 1080 apartamentos, formando uma comunidade unida e independente — cidades autossuficientes. Pani defendia que a concentração ordenada de pessoas e de serviços contribuiria, a longo prazo, para o crescimento regulado e racional da cidade[14]. Assim, o complexo é formado por um total de quinze edifícios, sendo seis deles com três pavimentos, e outros nove com treze pavimentos. Entre seus equipamentos, destacam-se uma escola com capacidade para seiscentos alunos, lavanderia, creche, postos médicos, cassino e espaços esportivos.

Em geral, os apartamentos duplex são organizados da seguinte maneira: no pavimento inferior se encontram cozinha e sala de jantar; enquanto o superior abriga sala íntima, banheiro e quarto. Nos edifícios altos, a parada de elevador ocorre a cada três andares, assumindo a proposta do Tipo F soviético.

13 Graciela de Garay (coord.), *Rumores y Retratos de un Lugar de la Modernidad: Historia Oral del Multifamiliar Miguel Alemán 1949-1999*.

14 Guillermo Plazola Anguiano, *50 Años de Arquitectura Mexicana, 1948-1998*, Ciudad de México, Plazola Editores, 1999.

A partir de 1997, a pesquisa coordenada por Graciela de Garay buscou levantar os testemunhos dos moradores e compreender sua relação com os espaços físicos, suas memórias, e estabelecer diretrizes para enfrentar os desafios da conservação do conjunto arquitetônico. Contando com uma equipe de historiadores, sociólogos, antropólogos e latino-americanistas buscou-se, ao longo de três anos, compreender as dinâmicas cotidianas e as relações que se estabeleciam entre os vizinhos.

Interessa-nos especialmente o testemunho das mulheres residentes no conjunto que descrevem itinerários pelo complexo e especificidades em suas práticas domésticas. Graciela de Garay chama atenção para o sentimento de orgulho que muitas dessas mulheres revelam por habitar esta pequena utopia ou "a cidade dentro da cidade"[15]. Seus relatos revelam, também, que os equipamentos coletivos colaboraram para facilitar a vida dessas mulheres dos conjuntos, uma vez que grande parte delas trabalhava fora de casa e era responsável pelas atividades domésticas, assim como estimulava a convivência intensa entre as vizinhas e as crianças.

[15] Graciela de Garay (coord.), *Rumores y Retratos de un Lugar de la Modernidad*, p. 144.

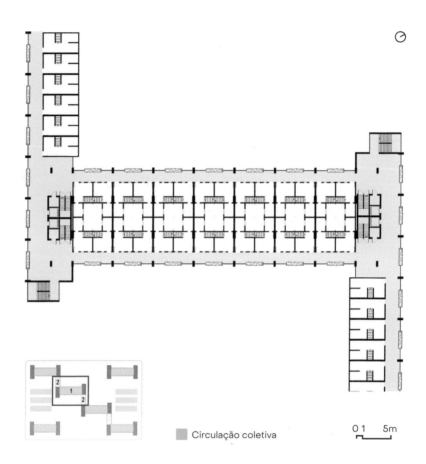

Plantas do conjunto Presidente Alemán
Pavimento de Acesso
Desenho: Gabriela Piccinini e Sabrina Costa (2020).

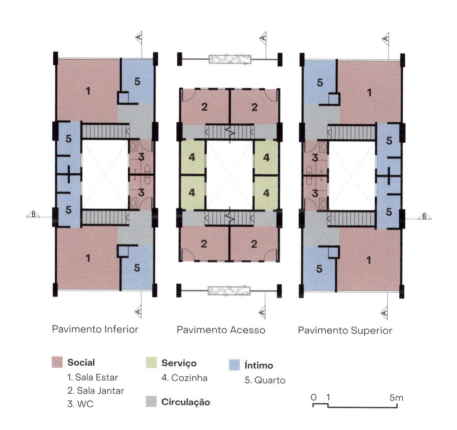

Conjunto Presidente Alemán
Apartamento duplex – Tipo 1
Desenho: Gabriela Piccinini e Sabrina Costa (2020).

122

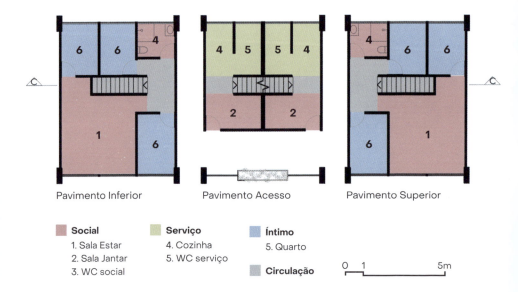

Conjunto Presidente Alemán
Apartamento duplex – Tipo 2
Desenho: Gabriela Piccinini e Sabrina Costa (2020).

Ainda no contexto latino-americano, é importante destacar o Conjunto Residencial El Polo (1959-1963), desenvolvido por Rogelio Salmona — que trabalhara com Le Corbusier em projetos como o do Plano Piloto de Bogotá — e Guillermo Bermúdez, na Colômbia. Os arquitetos elaboraram o projeto em uma esquina do Bairro El Polo, com blocos de trinta apartamentos distribuídos em quatro pavimentos, marcando a paisagem.

O conjunto foi financiado pelo Banco Central Hipotecário e seus blocos implantam-se numa íntima relação com o bairro. Os apartamentos duplex apresentam uma disposição que garante uma dinâmica ao conjunto e aproveitam os benefícios visuais das áreas verdes existentes no entorno. No primeiro andar estão os quartos com vista para o pátio interno; e, no segundo pavimento, a área social dessas moradias. No quarto andar, os quartos ficam de frente para as colinas de Bogotá e a área social ocupa o terceiro pavimento.

Conjunto El Polo
Apartamento Duplex tipo A
Pavimento Inferior
Desenho: Gabriela Piccinini e Sabrina Costa (2020).

Conjunto El Polo
Apartamento Duplex tipo A
Pavimento Superior
Desenho: Gabriela Piccinini e Sabrina Costa (2020).

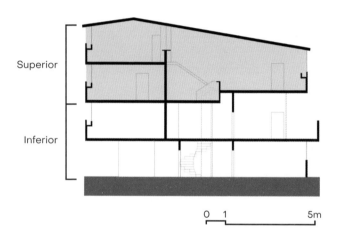

Conjunto El Polo
Apartamento Duplex Tipo A
Corte
Desenho: Gabriela Piccinini e Sabrina Costa (2020).

A CHEGADA E CONSOLIDAÇÃO
DA TIPOLOGIA NO BRASIL

A discussão da habitação mínima ganhou força nos Congressos Internacionais de Arquitetura Moderna (CIAM) e chegou ao Brasil impactando diretamente os arquitetos da Escola de Belas-Artes do Rio de Janeiro. Na antiga capital federal, ainda na década de 1930, o escritório formado pelos irmãos Marcelo e Milton Roberto propôs, construiu e divulgou o primeiro empreendimento com esta tipologia, o Edifício Santo Antônio do Morro, na região central do Rio de Janeiro. Segundo os autores do projeto,

> As vantagens do apartamento de pavimento duplo são patentes. [...] Para o proprietário, além do aumento de habitações alugáveis, a economia do custo e do consumo dos elevadores (redução de cinquenta por cento do número de paradas e aumento da eficiência do serviço), e da conservação e iluminação elétrica dos *halls* e galerias, reduzidos para a metade[16].

O projeto desenvolvido por Marcelo e Milton Roberto foi encomendado pela iniciativa privada em 1929. Em seu térreo implantaram-se algumas lojas voltadas para a Rua do Lavradio, enquanto os 48 apartamentos duplex se organizaram em quatro volumes interligados por uma circulação interna. Os arquitetos justificaram a escolha da tipologia duplex pelo aumento do número de unidades distribuídas, pela economia de elevadores e pela conservação do sistema de iluminação elétrica das

16 Marcelo Roberto & Milton Roberto, "Um Edifício Tipo 'Duplex' no Rio", *Revista Arquitetura e Construção*, n. 638, pp. 42-44, set.-out. 1939.

galerias. Publicado na revista *Arquitetura e Constru-ção* de 1939, os autores iniciaram seu texto de apresentação explicando que não se tratava de uma invenção deles, mas de uma solução já utilizada pelos arquitetos russos[17].

O conjunto oferece dois tipos diferentes de apartamentos duplex. A grande maioria apresenta no pavimento inferior sala e cozinha de tamanhos reduzidos e, no superior, dois dormitórios e um pequeno banheiro. Os apartamentos voltados para a Rua do Lavradio possuem balcões com um desenho que remete ao do conjunto de dormitórios dos alunos da Bauhaus, criando um ritmo interessante na fachada. A outra tipologia consiste em apartamentos com áreas ainda mais exíguas e que não apresentam cozinha em sua organização.

17 *Idem.*

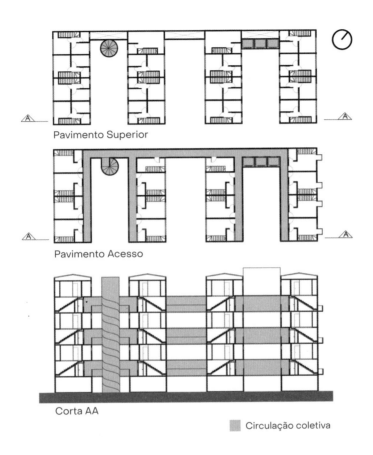

Pavimento Superior

Pavimento Acesso

Corta AA

Circulação coletiva

Conjunto Santo Antonio do Morro
Plantas e corte
Desenho: Gabriela Piccinini e Sabrina Costa (2020).

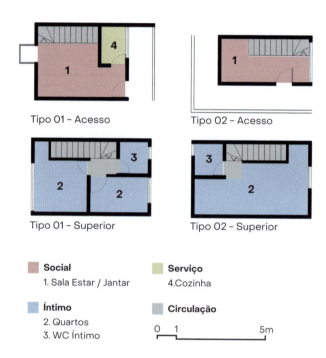

Conjunto Santo Antonio do Morro
Plantas das unidades
Desenho: Gabriela Piccinini e Sabrina Costa (2020).

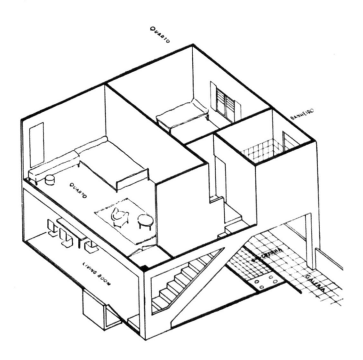

Conjunto Santo Antonio do Morro
Perspectiva do conjunto
Fonte: Arquitetura e Urbanismo, 1939, p. 628.

Edifício Santo Antonio do Morro,
na rua do Lavradio, Rio de Janeiro.
Foto: Autora (abril, 2017).

Em 1941, Marcelo e Milton Roberto projetaram outro conjunto que se utilizava da tipologia duplex, desta vez na cidade de São Paulo. Financiado pelo Instituto de Aposentadoria e Pensões dos Industriários (IAPI), o Edifício Anchieta foi o primeiro conjunto vertical construído na Avenida Paulista, constituído por térreo com comércio, sobreloja, onze andares com apartamentos e terraço-jardim. Das oitenta unidades habitacionais, doze são do tipo duplex.

A promoção deste edifício mostra a ambiguidade da atuação habitacional dos IAP. Situado em uma região nobre de São Paulo, no entroncamento de três importantes avenidas (Paulista, Consolação e Angélica), ele foge aos padrões de dimensão e acabamento adotados na produção de habitação social do IAPI[18].

Seus apartamentos duplex voltam-se para a Avenida Angélica e organizam-se em duas diferentes plantas, embora com disposição semelhante dos cômodos. Os pavimentos ímpares apresentam sala, *hall*, cozinha e quarto de empregada; já os pares têm três dormitórios e um banheiro. Cada pavimento apresenta entradas definidas: nos andares pares o acesso ao apartamento se dá pela lavanderia, é uma entrada de serviço; enquanto nos ímpares se encontra a entrada principal do apartamento. A lavanderia, apesar de estar localizada no mesmo nível dos dormitórios, não possui ligação com estes; conecta-se à cozinha por intermédio de uma escada.

18 Nabil Bonduki, Ana Paula Koury & Elaine Pereira Silva, "Conjunto Residencial Japurá: Uma Unidade de Habitação no Centro da Cidade", em Nabil Bonduki & Ana Paula Koury (orgs.), *Os Pioneiros da Habitação Social no Brasil*, São Paulo, Editora Unesp/Edições Sesc São Paulo, 2014, vol. III, p. 84.

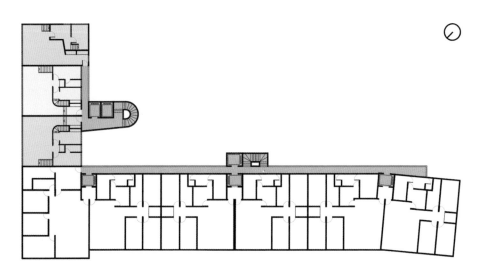

Circulação coletiva

Conjunto Anchieta
Pavimento Inferior (salas)
Desenhos: Gabriela Piccinini e Sabrina Costa (2020).

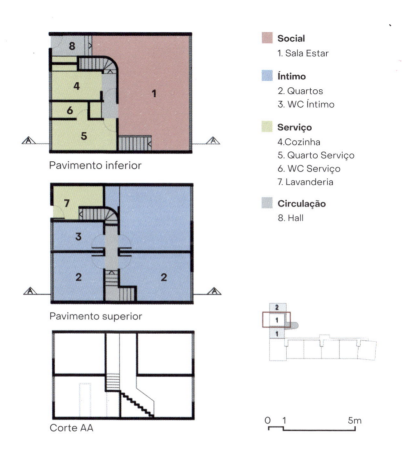

Conjunto Anchieta
Plantas e corte dos apartamentos duplex
Tipo 1
Desenhos: Gabriela Piccinini e Sabrina Costa (2018).

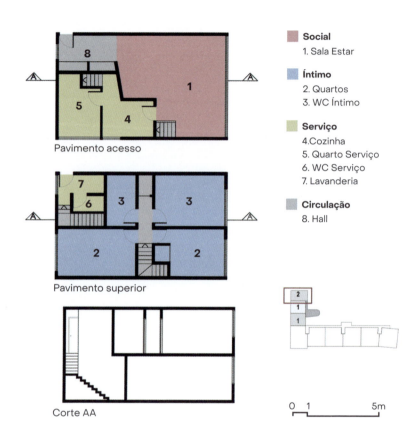

Conjunto Anchieta
Plantas e corte dos apartamentos duplex
Tipo 2
Desenhos: Gabriela Piccinini e Sabrina Costa (2018).

Foto do conjunto Anchieta e seu entorno.
Acervo: Núcleo de Pesquisa e Documentação da Universidade Federal do Rio de Janeiro

A tipologia duplex foi utilizada e repensada pelos irmãos Roberto em vários empreendimentos, possibilitando transformações na planta e na disposição das áreas de cada conjunto, especialmente no que se refere às circulações e acessos. Se no Edifício Santo Antônio do Morro — assim como ocorria no Narkomfin — os corredores de circulação estão presentes apenas nos apartamentos de andares ímpares, garantindo assim a ocupação dos espaços acima dos corredores por outros cômodos, a repetição dos corredores nos andares do Anchieta busca garantir acessos distintos às diferentes classes sociais.

Em outro consagrado exemplar carioca, o Edifício Júlio de Barros Barreto, de 1947, os acessos às áreas principais e às de serviço também são separados por pavimento, sendo esta demarcação ainda mais intensa pela parada dos elevadores, como será apresentado a seguir. Os andares pares se configuram como espaços voltados aos empregados que trabalham e/ou vivem nos apartamentos, enquanto os ímpares são destinados às áreas sociais.

O edifício encontra-se implantado em um terreno acidentado com uma bela vista do bairro de Botafogo, onde seus oitenta apartamentos, todos duplex, se distribuem em duas lâminas, que possuem 40 e 65 metros de comprimento, com dez pavimentos. Sua composição volumétrica, além do uso de cores e de materiais diferentes, se destaca na paisagem urbana. Com relação à organização interna, dois tipos de apartamento têm disposições semelhantes: no pavimento térreo há sala (aberta para uma varanda em um tipo, fechada em outro), cozinha e quarto de empregada; no pavimento superior, dormitórios, lavanderia e banheiro. Um dos quatro elevadores tem abertura apenas para os pavimentos pares, no mesmo andar que se encontra a lavanderia dos apartamentos. Assim, estabelecem-se duas áreas de circulação independentes: as sociais e as de serviço.

A maioria esmagadora dos planos prevendo diferenciação de circulações autoriza-nos a generalizar dizendo que, ao contrário dos projetos de outros países, o apartamento brasileiro caracteriza-se pela dupla entrada, pela previsão de dois acessos, o nobre e o de serviço, e pela instalação de elevadores separados para cada caso[19].

19 Carlos Alberto Cerqueira Lemos, *Cozinhas, etc.*, São Paulo, Perspectiva, 1976, p. 163.

A própria presença dos quartos de empregada nos apartamentos atesta que o edifício se volta para um público diferente daquele da área central, questão que também será desenvolvida com maior profundidade no Capítulo 3. Assim como o Edifício Anchieta, o conjunto foi construído a partir da demanda do poder público, no caso para o Instituto de Previdência e Assistência dos Servidores do Estado (Iapase).

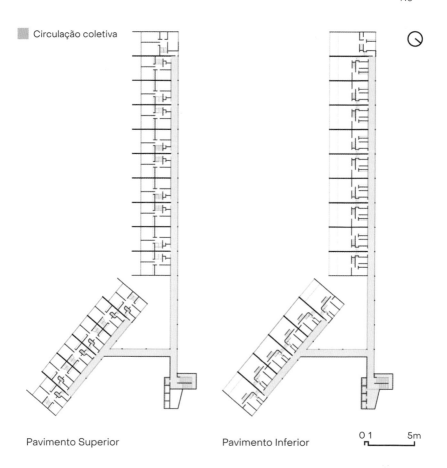

Conjunto Julio de Barros Barreto
Pavimento superior e inferior
Desenho: Gabriela Piccinini e Sabrina Costa (2020).

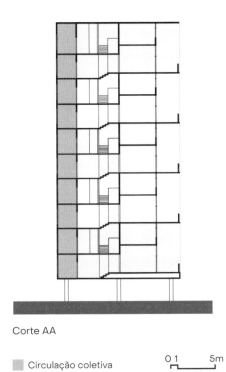

Corte AA

Circulação coletiva

0 1   5m

Conjunto Julio de Barros Barreto
Cortes dos apartamentos – Tipo 1
Desenho: Gabriela Piccinini e Sabrina Costa (2020).

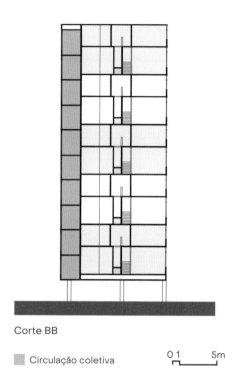

Corte BB

Circulação coletiva 0 1　　5m

Conjunto Julio de Barros Barreto
Cortes dos apartamentos – Tipo 2
Desenho: Gabriela Piccinini e Sabrina Costa (2020).

Conjunto Julio de Barros Barreto
Pavimento tipo duplex – Tipo 1
Desenho: Gabriela Piccinini e Sabrina Costa (2020).

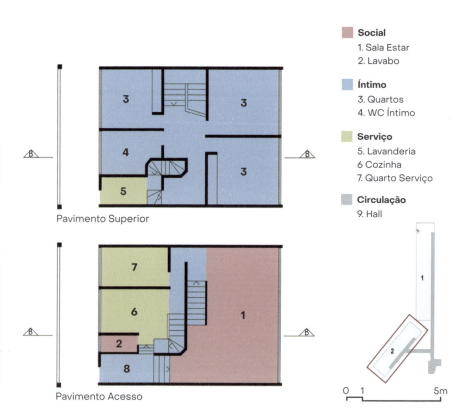

Conjunto Julio de Barros Barreto
Pavimento tipo duplex – Tipo 2
Desenho: Gabriela Piccinini e Sabrina Costa (2020).

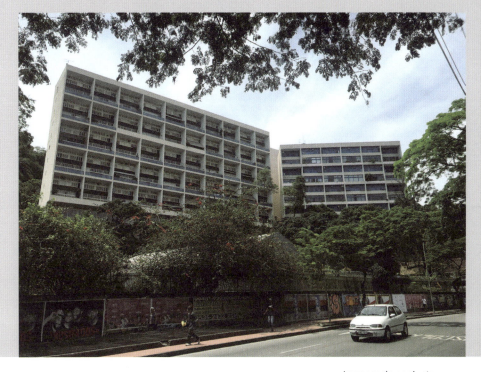

Imagem do conjunto.
Foto: autora (dezembro, 2017).

20 Parte do conjunto de fotografias e desenhos pertencentes ao escritório dos irmãos Roberto está hoje salvaguardada no Núcleo de Pesquisa e Documentação da Faculdade de Arquitetura e Urbanismo da Universidade Federal do Rio de Janeiro e foi consultada pela pesquisadora em outubro de 2017.

21 Segundo Luiz Felipe de Souza, "Marcelo esteve presente [no escritório] de 1936 a 1964, Milton de 1936 a 1953, e Maurício, de 1942 a 1996" (Luiz Felipe Machado Coelho de Souza, *Irmãos Roberto*, Arquitetos, Rio de Janeiro, Rio Books, 2014, p. 64).

22 Com formações acadêmicas diferentes, determinadas pelo período de intenso debate entre modernos e neocoloniais na direção da escola, o perfil diferente dos três arquitetos possibilitou soluções variadas nas décadas de atuação da empresa conhecida como MMM Roberto. Souza explica que a formação de Marcelo (o mais velho dos irmãos) ocorreu num período

Uma análise do acervo de fotos referentes a esse empreendimento revela imagens em preto e branco da obra no momento da construção e, logo que finalizada, das paisagens do Rio de Janeiro e do térreo do edifício[20]. Nenhuma das dezenas de fotografias apresenta os interiores dos apartamentos ou sua ocupação. O mesmo ocorre nas publicações que tratam da obra, que optam por enfatizar as dimensões do conjunto e sua implantação, em vez de apresentar a proposta de morar daqueles apartamentos. A possível leitura acerca desta se dá a partir das plantas apresentadas nos poucos livros que tratam da obra dos irmãos Roberto.

Na etapa de elaboração do projeto e de construção do edifício da Rua do Lavradio o escritório era formado pelos irmãos Marcelo e Milton Roberto. Enquanto que, em 1947, quando o Edifício Julio de Barros Barreto foi projetado, também Maurício Roberto já fazia parte da sociedade dos irmãos[21]. A ideia dos Roberto para a construção de um conjunto de apartamentos duplex com área mínima tem influência direta das leituras, descobertas e discussões que ocorriam na Escola Nacional de Belas Artes no período em que os irmãos ali estudaram[22]. Essa tipologia foi utilizada por esses arquitetos em vários outros empreendimentos, entre eles os edifícios Angel Ramírez (Rio de Janeiro, 1952); Finúsia e Dona Fátima (Rio de Janeiro, 1952); Sambaída (Rio de Janeiro, 1952); além do projeto não construído para o Conjunto Residencial da Penha (Rio de Janeiro, 1937)[23].

Como demonstrou a pesquisa *Pioneiros da Habitação*[24], os Institutos de Aposentadorias e Pensões foram responsáveis por uma intensa produção habitacional no Brasil do século XX. Neste sentido, vários empreendimentos se utilizaram da ideia dos apartamentos duplex para propor conjuntos coletivos com qualidade, funcionalidade e economia.

OS GRANDES CONJUNTOS HABITACIONAIS

Um projeto de impacto no que se refere aos conjuntos habitacionais de caráter social é o Conjunto Residencial Prefeito Mendes de Morais, conhecido como Pedregulho. O empreendimento é considerado por muitos críticos de arquitetura, juntamente com o Museu de Arte Moderna do Rio de Janeiro, como a obra-prima do arquiteto Affonso Eduardo Reidy, e o principal empreendimento promovido pelo Departamento de Habitação Popular (DHP), sob a direção de Carmem Portinho.

A primeira etapa do projeto foi inaugurada em 1950 e constava de dois blocos residenciais retos (Bloco B) que possuíam quatro andares formados por 56 unidades habitacionais, apartamentos duplex de dois, três ou quatro quartos. Os dois blocos (B1 e B2) são edifícios de quatro andares sobre pilotis com apartamentos duplex. Aqui se encontram os maiores apartamentos do conjunto, com sala, cozinha e varanda no térreo; quatro quartos e banheiros no andar superior. Assim como no Bloco A, os corredores de acesso são fechados por painéis de cobogós.

Além destes dois edifícios residenciais, também foram construídos mercado, lavanderia e centro de

ainda mais conservador da Escola Nacional de Belas Artes; enquanto Milton acompanhou a proposta de Lucio Costa para a reformulação do currículo acadêmico, tendo inclusive participado do movimento estudantil grevista; e Maurício (o mais novo) se formou em um ambiente acadêmico mais favorável às novas doutrinas (Luiz Felipe Machado Coelho de Souza, *Irmãos Roberto, Arquitetos*).

23 Flávia Brito do Nascimento & Nilce Aravecchia Botas, "Penha: De um Projeto Autoral a uma Proposta Funcional da Equipe do IAPI", em Nabil Bonduki & Ana Paula Koury (orgs.), *Os Pioneiros da Habitação Social no Brasil*, pp. 196-217.

24 A pesquisa, realizada entre 1995 e 2010, foi coordenada pelo professor Nabil Bonduki e levantou cerca de trezentos conjuntos residenciais.

saúde para atender as demandas dos moradores, formando uma unidade de vizinhança — ideia amplamente defendida por Carmem Portinho —, tudo isto cercado por um jardim projetado por Burle Marx. Os outros equipamentos — escola, piscina, vestiário e ginásio de esportes — foram inaugurados em 1951.

Projetado para ter 533 unidades e uma gama completa de equipamentos e serviços coletivos, o Pedregulho seria destinado para funcionários de baixos salários da prefeitura. Integra-se à proposta de habitação social para a cidade do Rio de Janeiro elaborada pelos técnicos do Departamento de Habitação Popular da prefeitura, cujo pressuposto era combater os crescentes e alarmantes problemas da moradia da capital federal, onde favelas e moradias precárias cresciam nas estatísticas e nas notícias da imprensa diária[25].

25 Flávia Brito do Nascimento, *Blocos de Memórias: Habitação Social, Arquitetura Moderna e Patrimônio Cultural*, pp. 374-375.

Reconhecido na historiografia da arquitetura por sua proposta arrojada e escala monumental, o grande edifício curvo (Bloco A) abriga 272 apartamentos variando de 26 a 78 m² e foi parcialmente inaugurado em 1958, mas sua ocupação total se deu em 1960. Seu terceiro piso é tratado como área de circulação e convivência comunitária, onde atividades das mais variadas podem ocorrer (administração, comércio, espaços educativos, entre outros). Neste nível, há o acesso da Rua Marechal Jardim para o edifício, por meio de duas pontes de ligação. De lá é possível ter uma vista geral da cidade, ter consciência da dimensão do conjunto e de seu impacto na paisagem.

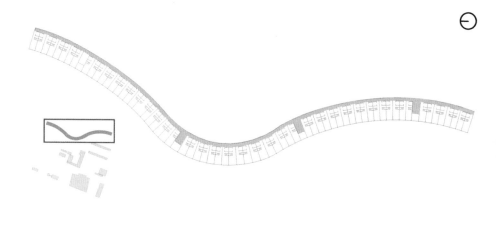

01 10m Circulação coletiva

Conjunto Habitacional Pedregulho
Apartamentos duplex – Bloco A
Desenho: Gabriela Piccinini e Sabrina Costa (2020).

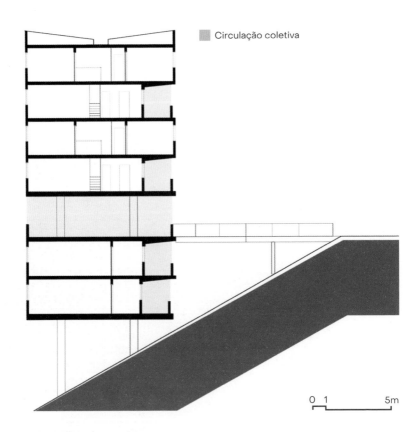

Conjunto Habitacional Pedregulho
Corte do Bloco A com a disposição
dos apartamentos duplex
Desenho: Gabriela Piccinini e Sabrina Costa (2020).

Bloco A e entorno.
Foto: Autora (outubro, 2017).

Pavimento intermediário.
Foto: Autora (outubro, 2017).

Neste terceiro pavimento acontece o acesso aos apartamentos, distribuídos por quatro caixas de escadas alocadas ao longo do extenso bloco. Descendo para o segundo e primeiro andares acessam-se as unidades menores, voltadas para os casais sem filhos (com cozinha, banheiro, sala e um quarto). Nos quatro pavimentos superiores distribuem-se os apartamentos duplex, com dois ou três dormitórios, cujo acesso é realizado pelo quarto e sexto andares. Essa distribuição libera o conjunto do uso de elevadores.

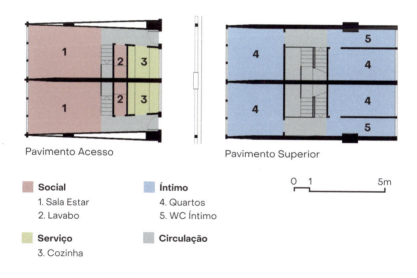

Pavimento Acesso

Pavimento Superior

Social
1. Sala Estar
2. Lavabo

Serviço
3. Cozinha

Íntimo
4. Quartos
5. WC Íntimo

Circulação

0 1   5m

Conjunto Habitacional Pedregulho
Planta da unidade duplex do Bloco A
Desenho: Gabriela Piccinini e Sabrina Costa (2020).

Como bem demonstrou Flávia Brito do Nascimento, Carmem Portinho se preocupava com o uso correto das moradias. Para tanto, as assistentes sociais do DHP deveriam assessorar o uso dos apartamentos e dos espaços comuns. Além disso, um dos apartamentos do Bloco B foi "destinado ao serviço social do conjunto, mobiliado de maneira 'moderna e econômica', servindo de exemplo para os moradores"[26].

A escolha da tipologia duplex nos dois blocos certamente se relaciona às pesquisas realizadas por Carmem Portinho sobre o programa de reconstrução das cidades destruídas pela guerra, época em que esteve na Inglaterra com uma bolsa de estudos do governo britânico. Dessa maneira, as habitações têm suas áreas reduzidas para diminuir os custos e também para incentivar o uso de seus equipamentos coletivos, que colaborariam com uma maior liberdade com relação às atividades domésticas. Como afirmou Silvana Rubino, "é dessa pioneira do feminismo no Brasil a interferência que fez com que o conjunto tivesse uma lavanderia coletiva, para resguardar o trabalho feminino de uma dupla jornada"[27].

Flávia Brito do Nascimento relata que já nos primeiros anos de funcionamento do conjunto apareceram problemas, entre eles

> [...] a falta de limpeza dos lugares comuns a cargo da administração do conjunto, os problemas com a conta de água e luz, a administração nas unidades residenciais sem atender a qualquer critério e a instalação de Hospital de Toxicose no ambulatório

26 *Idem*, p. 389.

27 Silvana Rubino, *Lugar de Mulher: Arquitetura e Design Moderno, Gênero e Domesticidade*, p. 29.

do conjunto, levaram as assistentes sociais a abandonarem o trabalho no Pedregulho[28].

A lavanderia coletiva funcionou até a década de 1970, o mercado até a década de 1980, o posto de saúde abrigou um hospital até o fim da década de 1990, enquanto a escola municipal resistiu funcionando ao longo dos anos. Aos poucos, a imagem fotografada e intensamente reproduzida do Conjunto Pedregulho pós-inauguração se desvinculava do conjunto em uso pela falta de manutenção dos espaços comuns e deterioração das unidades.

Em 1986, a Prefeitura do Rio de Janeiro tombou todos os edifícios e os painéis de Cândido Portinari, Anísio Medeiros e Roberto Burle Marx. Em 1982, um pedido de tombamento chegou ao Instituto do Patrimônio Histórico e Artístico Nacional (Iphan) ficando sem encaminhamento até 1997, quando foi solicitada abertura do processo de tombamento que segue ainda em instrução, sem definição sobre sua preservação[29]. O pedido de tombamento estadual foi realizado em 2010 e reiterado pela Associação de Moradores em 2011, quando foi aprovado. Um projeto de restauro do conjunto iniciou-se em 2004, coordenado pelo arquiteto Alfredo Britto, buscando levantar problemas técnicos de manutenção dos edifícios, como também as demandas cotidianas dos moradores[30].

No Pedregulho, percebemos que as muitas transformações ao longo do tempo e a efetiva separação administrativa dos blocos residenciais A e B1/B2

28 Flávia Brito do Nascimento, *Blocos de Memórias: Habitação Social, Arquitetura Moderna e Patrimônio Cultural*, p. 397.

29 *Idem.*

30 Alfredo Britto (org.), *Pedregulho: O Sonho Pioneiro da Habitação Popular no Brasil*, Rio de Janeiro, Edições Rio de Janeiro, 2015.

[31] Flávia Brito do Nascimento, *Blocos de Memórias: Habitação Social, Arquitetura Moderna e Patrimônio Cultural*, p. 437.

entre si e dos demais equipamentos fissuram sua imagem do conjunto. Contudo, ela é reelaborada e é perceptível e sentida como patrimônio cultural, seja pelos visitantes, seja pelos moradores[31].

Uma visita técnica realizada em outubro de 2017 com uma turma de estudantes da Faculdade de Arquitetura e Urbanismo da Universidade de Campinas revelou um pouco do cotidiano dos moradores do conjunto. Entre os gritos das crian-

Vista aérea dos equipamentos comunitários.
Foto: Autora (outubro, 2017).

ças brincando nos corredores e na escola ainda em funcionamento, as mulheres que subiam e desciam escadas, a impactante vista da região norte da cidade que se descortina no pavimento de acesso, nas janelas dos dormitórios e salas do grande edifício curvo. O morador que nos acompanhou ao longo do percurso contou sobre o orgulho que todos sentiam da recuperação do prédio e, também, de morarem em um prédio tão marcante na história da arquitetura e da cidade do Rio de Janeiro.

Na área central de São Paulo, por iniciativa do IAPI, foi construído o Edifício Japurá (oficialmente denominado Conjunto Residencial Armando de Arruda Pereira), na região central, numa área onde se localizava um complexo de cortiços chamado Vila Barros, formado por quatro blocos: Navio Parado, Pombal, Geladeira e Vaticano[32].

Projetado em 1945 pelo arquiteto Eduardo Kneese de Mello, o Conjunto Japurá marcou a paisagem pela presença de duas torres de habitação em um mesmo terreno, implantadas paralelas à Rua Japurá por conta da legislação vigente na época. Enquanto a mais baixa é composta por quitinetes destinadas a jovens solteiros e comércio, a grande torre tem catorze pavimentos e abriga 288 unidades habitacionais duplex, que propiciam a divisão entre espaços íntimos e sociais e permitem grandes economias na construção[33].

Os Institutos de Aposentadoria e Pensões buscavam produzir moradias econômicas e acessíveis para seus associados, mas o equilíbrio econômico financeiro da intervenção e o retorno dos investimentos eram aspectos importantes a serem considerados. Nesse sentido, a construção do Edifício Japurá representou para o IAPI a busca de um investimento seguro para os fundos previdenciários[34].

Os apartamentos duplex distribuem suas áreas sociais nos andares inferiores (sala, cozinha, despensa e *hall* da escada), enquanto os superiores abrigam dois quartos e banheiro. Em cima do vão

---

32 Nabil Bonduki, Ana Paula Koury & Elaine Pereira Silva, "Conjunto Residencial Japurá: Uma Unidade de Habitação no Centro da Cidade".

33 Aline Nassaralla Regino & Rafael Antonio Cunha Perrone, "Eduardo Augusto Kneese de Mello: Sua Contribuição para Habitação Coletiva em São Paulo", *Risco – Revista de Pesquisa em Arquitetura e Urbanismo*, n. 9, pp. 56-97, jan. 2009.

34 Nabil Bonduki, Ana Paula Koury & Elaine Pereira Silva, "Conjunto Residencial Japurá: Uma Unidade de Habitação no Centro da Cidade", p. 147.

das escadas, aproveitando-se do pé-direito alto, foi criado um mezanino que o arquiteto sugeria que fosse utilizado como sala de costura.

Neste conjunto não estava prevista uma área de serviço onde as roupas pudessem ser lavadas e secas. O arquiteto optou pela instalação de um pequeno tanque de lavar roupas no banheiro de maneira a economizar espaço no pavimento inferior. As roupas deveriam ser estendidas em um varal fixo também no teto do banheiro. Além da economia de espaços, é possível imaginar a praticidade de se tirar a roupa antes do banho e já deixá-la no cômodo disponível para sua lavagem. No entanto, este tem sido um motivo de reclamação constante dos moradores atuais.

Kneese de Mello defendeu a escolha da tipologia duplex em uma publicação que apresentou seu projeto. O arquiteto listou entre suas vantagens questões de ordem econômica: não havendo corredor comum nos andares destinados a dormitórios, o número de paradas dos elevadores fica reduzido à metade, tornando-os mais econômicos e eficientes, além da economia de volume de pé-direito. A reunião das áreas molhadas garantia que o mesmo poço de iluminação e ventilação servisse a quatro banheiros por andar. Além disso, o arquiteto destacou a importância de separar áreas íntimas daquelas que precisam de contato com o exterior (sala e cozinha), garantindo a privacidade dos dormitórios[35].

35 Eduardo Kneese de Mello, *Projeto de um Prédio de Apartamentos à Rua Japurá*, São Paulo, IAP, [s.d.].

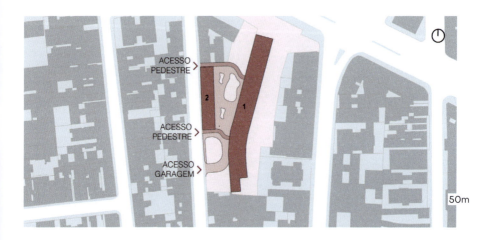

1. Apartamentos Duplex
2. Quitinetes

Conjunto Japurá
Implantação
Desenho: Gabriela Piccinini e Sabrina Costa (2018).

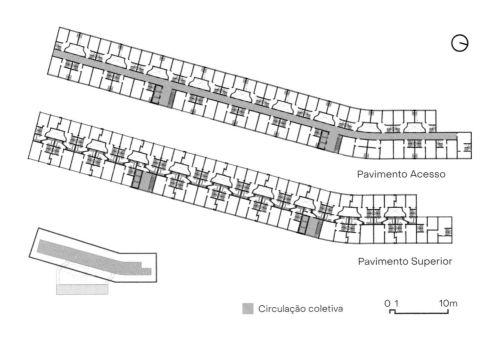

Pavimento Acesso

Pavimento Superior

Circulação coletiva   0 1   10m

Conjunto Japurá
Bloco de apartamentos duplex
Desenho: Gabriela Piccinini e Sabrina Costa (2020).

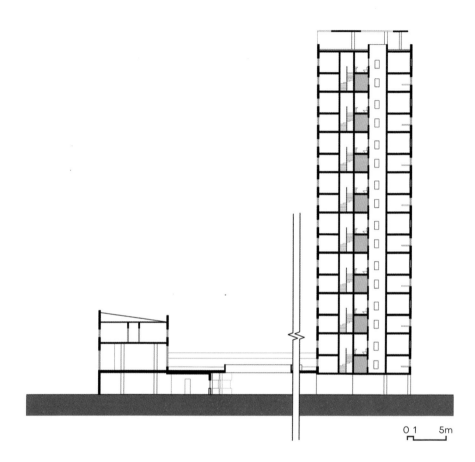

Conjunto Japurá
Corte dos blocos de quitinete
e de apartamentos duplex
Desenho: Gabriela Piccinini e Sabrina Costa (2020).

Conjunto Japurá
Plantas das unidades de apartamentos duplex
Desenho: Gabriela Piccinini e Sabrina Costa (2020).

Os desenhos do arquiteto explicitam como as áreas comuns e os apartamentos poderiam ser utilizados. As plantas dos dois níveis do apartamento revelam que o arquiteto tinha em vista uma família com quatro integrantes, previam-se uma cama de casal no quarto grande e duas camas de solteiro no outro dormitório; enquanto na sala um sofá de três lugares e uma poltrona estão desenhados próximos à mesa de jantar com quatro cadeiras.

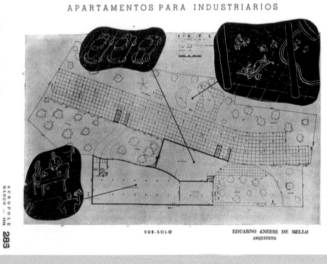

Apresentação do projeto na revista Acrópole.
Fonte: Acrópole, 1948, p. 285.

Nos apartamentos, os desenhos demonstram como pequenos espaços devem ser ocupados: armário embaixo da escada, tanque de lavar roupas no banheiro, máquina de costura no mezanino do acesso aos quartos. O mobiliário embutido deveria colaborar para tornar os espaços organizados, demonstrando como cada cômodo é planejado para ser o menor possível para cada atividade. As imagens descritas revelam a intenção do arquiteto em promover sua concepção sobre o modo de morar moderno.

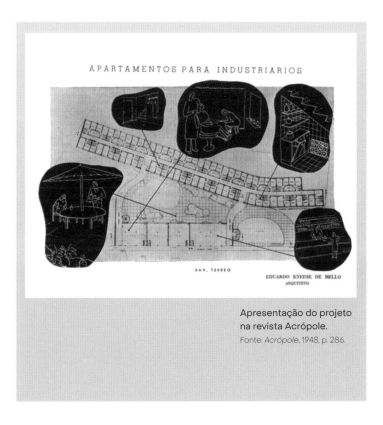

Apresentação do projeto na revista Acrópole.
Fonte: *Acrópole*, 1948, p. 286.

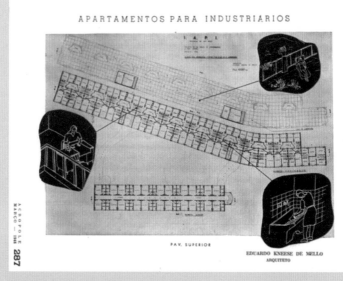

Apresentação do projeto na revista Acrópole.
Fonte: Acrópole, 1948, p. 287.

[36] Beatriz Colomina, "Le Corbusier and Photography", Assemblage, n. 4, out. 1987, p. 10. Tradução da autora.

Em todas as pranchas do projeto, são apresentados balões com as práticas de seus usuários. Para Beatriz Colomina, "o desenho é um instrumento do *recherche patiente*. É uma técnica para superar o fechamento obsessivo do objeto, incorporá-lo ao processo, um processo de 'sem começo e sem fim'"[36]. Os desenhos apresentados em um livro sobre o empreendimento — e reproduzidos na revista *Acrópole* (1948) — demonstram as possibilidades de atividades nas áreas comuns, assim como nos espaços íntimos do conjunto a partir de suas moradoras.

Na prancha do pavimento superior, dois balões referem-se às atividades desempenhadas pelas mulheres no interior dos apartamentos duplex: lavar roupa e costurar. Nas áreas comuns, esta mesma mulher apresenta a possibilidade de lazer na cobertura: enquanto uma figura feminina de calça, camisa e cabelos longos aprecia a paisagem olhando pelo binóculo os altos edifícios representados, uma outra repousa numa espreguiçadeira de biquíni e óculos de sol.

No condomínio, os personagens são representados desempenhando várias atividades. No subsolo, duas figuras femininas aguardam sentadas por um garçom que se aproxima da mesa do restaurante, crianças brincam na área de recreação enquanto duas mulheres observam-nas; nas áreas destinadas ao comércio do bloco horizontal, uma mulher está sentada em uma cadeira enquanto outras duas cuidam de suas unhas e cabelos, indicando a possibilidade de aquele espaço abrigar um salão de beleza, enquanto uma mulher em frente a um balcão aguarda que um homem lhe entregue algo. Neste caso, não fica muito claro se o espaço seria um bar, uma lanchonete ou uma mercearia. As ilustrações representam essa mulher em dois estereótipos femininos: a mulher responsável pelos cuidados da casa e de seu corpo.

Kneese de Mello afirma em um depoimento:

[...] no alinhamento da rua onde eu podia fazer no térreo mais dois andares eu pus lojas para servir aos

37 Eduardo Kneese de Mello, *apud* Aline Nassaralla Regino, *Eduardo Kneese de Mello – Arquiteto. Análise de sua Contribuição à Habitação Coletiva em São Paulo*, Dissertação de Mestrado em Arquitetura e Urbanismo, Universidade Presbiteriana Mackenzie, São Paulo, 2006, pp. 79-80.

moradores, é um empório, um açougue, enfim, coisas que as famílias que moram lá precisam comprar. E nos dois andares seguintes eu pus salas pequenas que seriam, assim, para uma cabeleireira, um alfaiate, tudo com o objetivo de servir aos moradores. Então o conceito de habitação estava bem próximo. Nós entendemos que habitação não é casa, casa é um dos elementos da habitação. Se você não tem acesso ao trabalho, à escola, à saúde, não é habitação, é apenas um abrigo, não é uma habitação[37].

O projeto do paisagismo desenvolvido por Roberto Burle Marx para o edifício demonstrava a importância almejada para as áreas comuns destinadas aos usuários do conjunto. No entanto, segundo os moradores mais antigos do prédio, o mesmo nunca foi executado.

O arquiteto Kneese de Mello ainda viria a utilizar a tipologia dos apartamentos duplex em outros empreendimentos na cidade de São Paulo. Em 1944, antes do Japurá, ele propôs o Conjunto Residencial Cidade Jardim para o Instituto de Aposentadorias e Pensões dos Comerciários (IAPC). O complexo não foi construído, mas já demonstrava o vínculo do arquiteto aos preceitos da arquitetura moderna, a ideia de redução dos espaços domésticos e o apoio de equipamentos coletivos.

Este projeto procurou solucionar o problema da habitação por intermédio da implantação de 1118 unidades residenciais, sendo 520 apartamentos com um dormitório, oitenta apartamentos duplex com dois dormitórios, 486 casas com três dormitórios e 32 casas com quatro dormitórios; e seus prolongamentos contendo escola, centro comercial, maternidade, ambulatório, oficinas para pequenos serviços, playground e centro esportivo[38].

Além deste, afastado da região central da cidade, foi projetado o Conjunto Residencial Ana Rosa (1950), empreendimento do Banco Hipotecário Lar Brasileiro, num grande terreno acidentado localizado na Vila Mariana, onde era possível encontrar "moradia e comércio, diferentes tipologias, sobrados e pequenos edifícios desenhados por renomados arquitetos, entre eles Abelardo de Souza, Salvador Cândia, Plínio Croce, Roberto Aflalo e Walter Kneese"[39]. Kneese de Mello propôs uma quadra com seis blocos de seis andares, com apartamentos duplex; no entanto, apenas dois edifícios foram construídos: Guapira e Hicatu.

Buscando a economia na construção, racionalização e redução dos corredores de acesso aos apartamentos, o arquiteto utilizou o grande desnível do terreno para realizar os acessos. A partir do ponto mais alto, a Rua Dr. José de Queiroz Aranha, as passarelas realizam a ligação do espaço público com o arquitetônico, que se dividem nos três andares de acesso a partir de escadas e rampas. Os amplos jardins permeiam as ligações e tornam os acessos externos mais interessantes. No entanto, os corredores internos que dão acesso aos apartamentos são únicos, forçando os moradores dos imóveis da ponta a realizar longos deslocamentos[40].

38 Aline Nassaralla Regino & Rafael Antonio Cunha Perrone, "Eduardo Augusto Kneese de Mello: Sua Contribuição para Habitação Coletiva em São Paulo", p. 75.

39 Aline Nassaralla Regino, *Eduardo Kneese de Mello – Arquiteto*, pp. 80-81.

40 Fernanda Barbara, *Duas Tipologias Habitacionais: o Conjunto Ana Rosa e o Edifício Copan. Contexto e Análise de Dois Projetos Realizados em São Paulo na Década de 1950*, Dissertação de Mestrado, Faculdade de Arquitetura e Urbanismo, Universidade de São Paulo, São Paulo, 2004.

Neste projeto, por dispor de áreas maiores, a lavanderia está presente, assim como o quarto e o sanitário de serviço – dispostos no pavimento inferior, juntamente com a sala. No pavimento superior, além dos dois dormitórios e de um banheiro, existe um grande caixilho com jardineira, de onde é possível apreciar os jardins entre os blocos.

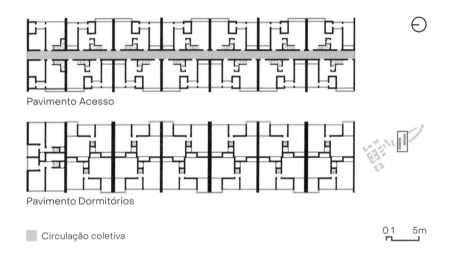

Pavimento Acesso

Pavimento Dormitórios

Circulação coletiva

0 1   5m

Conjunto Jardim Ana Rosa
Planta do pavimento tipo
Desenho: Gabriela Piccinini e Sabrina Costa (2020).

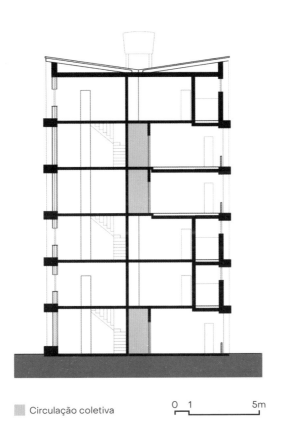

Circulação coletiva   0 1   5m

Conjunto Jardim Ana Rosa
Corte AA
Desenho: Gabriela Piccinini e Sabrina Costa (2020).

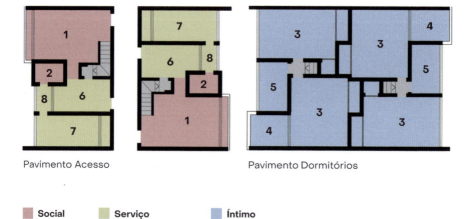

Pavimento Acesso   Pavimento Dormitórios

- Social
  1. Sala
  2. Lavabo
  - Circulação
- Serviço
  6. Cozinha
  7. Quarto Serviço
  8. Lavanderia
- Íntimo
  3. Quartos
  4. Varanda Íntima
  5. WC Íntimo

0 1   5m

Conjunto Jardim Ana Rosa
Planta da unidade duplex – Tipo 1
Desenho: Gabriela Piccinini e Sabrina Costa (2020).

Conjunto Jardim Ana Rosa
Planta da unidade duplex – Tipo 2
Desenho: Gabriela Piccinini e Sabrina Costa (2020).

MORAR NO MODERNO:
PRESERVAÇÃO E TRANSFORMAÇÃO NO JAPURÁ

Grande parte das informações que se tem sobre o Conjunto Japurá está diretamente relacionada aos desenhos e memorial publicado por Kneese de Mello e à reportagem da revista *Acrópole*, n. 119, de 1948, com a reprodução exaustiva dos desenhos e da maquete do conjunto. Mesmo publicações mais recentes sobre o edifício apresentam o projeto idealizado e não sua realização ou mesmo sua transformação física ao longo das décadas. O conjunto não foi construído exatamente como previa o projeto, principalmente no que se refere às áreas de uso coletivo, o que prejudica diretamente o cotidiano de seus moradores, uma vez que os equipamentos como lavanderia coletiva, restaurante e jardins colaborariam para uma rotina mais leve e fora dos apartamentos.

Ao longo da pesquisa, a história oral foi usada como ferramenta para analisar a relação dos usuários com a memória de seus lares visando enriquecer o debate sobre o uso e apropriação dos edifícios modernos além das questões repetidas pela historiografia. Para tanto, as entrevistas realizadas com os moradores dos edifícios Japurá, Esther e Eiffel estes dois últimos serão analisados no capítulo seguinte – buscaram compreender a apropriação e a transformação dos espaços ao longo das décadas, assim como resgatar a memória de seus usuários.

Entende-se a memória como um processo de reelaboração permanente do passado no presente, no qual algumas informações são conservadas e outras apagadas, em processos contínuos e renovados. Essas memórias são individuais e coletivas, ligam-se à vida social e se especializam, mas ter acesso a elas tem se mostrado um desafio constante. É possível comparar a procura por memórias e narrativas dos moradores ao desafio de acessar as histórias particulares escondidas no cotidiano das famílias e guardadas em seus acervos.

De uma forma geral, os entrevistados mencionaram a rotatividade de moradores, com ênfase para a mudança dos mais idosos para os mais jovens nos últimos anos. Esse fenômeno aparece como uma possibilidade de realizar intervenções no edifício e resolver vários dos problemas físicos. Muitos apontaram a quantidade e o estado de conservação dos elevadores; a fachada; a cobertura; e, os vazamentos nos corredores como pontos a serem melhorados.

Os moradores mais antigos entrevistados revelaram que os apartamentos quitinetes do bloco da frente nunca foram utilizados como habitação, mas foram alugados para abrigar salas de escritório ou de serviço. A menção aos problemas ligados a este volume horizontal, de propriedade do Instituto Nacional de Seguro Social (INSS)[41] e com graves problemas de conservação, também é constante. Seja pelo estado de deterioração física em que o edifício se encontra, seja pela ausência de responsável e de uso. Em entrevista à autora, Rodrigo Queiroz afirma:

> A grande questão insolúvel é esse bloco da frente, a frente do Japurá. [...] o que, de alguma maneira, condena a própria Rua Japurá. Sabe essa situação de

41 Como relatado anteriormente, o bloco horizontal localizado na Rua Japurá era previsto para ser ocupado por comércio e quitinetes. Há décadas o prédio está abandonado e abriga um arquivo morto do INSS. Com portas e janelas fechadas por tapumes e sob vigilância constante de um guarda, os moradores da grande torre relatam constantemente o perigo de um eventual incêndio por conta de uma rede elétrica aparentemente comprometida e pela deterioração de seu aspecto físico.

42 Rodrigo Queiroz, entrevista concedida à Autora no apartamento 612 do Edifício Japurá, São Paulo, 13.11.2018.

43 Maria Ângela de Oliveira, entrevista concedida à Autora no apartamento 1204 do Edifício Japurá, São Paulo, 11.12.2018.

44 Carlos Egydio Correa de Araújo, entrevista concedida à Autora no apartamento 1230 do Edifício Japurá, São Paulo, 07.11.2018.

abandono, de marginalidade. Porque se fosse uma fachada normal, com comércio e a entrada do edifício, ele seria uma outra rua. Então, façam esse teste, andem na Rua Japurá. Até a entrada do prédio é uma rua, da entrada pra lá é uma terra de ninguém[42].

Contam também que o restaurante nunca chegou a existir, mas relatam a presença de áreas de recreação pelo térreo. As queixas ao fechamento da cobertura na década de 1980, espaço que era reservado ao lazer dos moradores, são frequentes. Sua laje foi coberta com telhas de amianto por apresentar sérios problemas de infiltração e o uso coletivo foi proibido por uma questão de segurança, uma vez que a altura do guarda-corpo era muito baixa. Maria Ângela de Oliveira afirma: "Meus filhos tomavam banho de sol lá em cima"[43], enquanto Carlos Egydio Araújo conta: "O que eu acho uma pena foi ter perdido o espaço de convívio aqui na cobertura, mas isso também já é anterior à minha vinda"[44].

Com relação às adaptações recentes à vida contemporânea, é comum observar entre os apartamentos visitados a demolição da parede entre sala e cozinha, bem como a criação de uma pequena área de serviço. Se o arquiteto Kneese de Mello havia planejado um pequeno tanque no banheiro para lavagem de roupas, as opiniões dos moradores divergem bastante e, na maioria dos casos, o tanque foi retirado do banheiro e substituído por uma máquina de lavar roupa. Uma residente que nasceu e cresceu no conjunto conta sua impressão:

Eu, gente como eu nasci em outra geração e fui criada nesse prédio, eu acho estranhíssimo as pessoas fazerem área de serviço na cozinha. Pra mim não têm noção, porque assim é um lugar onde você cozinha. O cheiro da comida fica na roupa. Então eu nunca entendi porque os arquitetos começaram lá atrás a fazer isso[45].

No entanto, a grande maioria dos moradores reclama da ausência da área de serviço ou justificam a reforma para adaptação deste espaço no pavimento inferior. De acordo com Rodrigo Queiroz: "Eu sinto muita falta de uma área de serviço, sabe. De você chegar com o sapato sujo e ter um tanque pra você jogar o sapato"[46].

Uma pergunta frequente feita para os moradores referia-se à escolha pela tipologia duplex. É comum ter como resposta a ideia de a separação entre zonas íntimas e sociais garante um cotidiano mais prático, uma vez que se separam as áreas desorganizadas daquelas mais arrumadas e visíveis aos olhos dos visitantes. Também se relata que essa separação entre áreas íntimas e sociais permite que moradores com horários e rotinas diferentes convivam com menos conflitos quanto aos ruídos gerados.

No entanto, o maior destaque se dá pela sensação de ser mais amplo que um apartamento convencional com a mesma área.

Pra aquela época se considerava um apartamento bom, até pequeno porque os apartamentos eram maiores naquela época. Hoje é um apartamento

[45] Maria Ângela de Oliveira, entrevista concedida à Autora.

[46] Rodrigo Queiroz, entrevista concedida à Autora.

excelente, você falar em 110 m^2. E ainda hoje você falar duplex é uma coisa chique. Quando eu falo "eu moro em um duplex", falam "nossa, você tem dinheiro!". "Não, não, não não, para né". Sabe, é um negócio assim. E pra época era bastante diferente, né. Minhas tias vinham aqui e falavam que a minha mãe morava num sobrado, entendeu?![47]

Assim, seus moradores referem-se à sensação de morar em um sobrado ou em um lugar privilegiado, especialmente por se localizar em uma região bem servida de transporte, comércio e serviço. Os relatos reforçam a impressão de que o Edifício Japurá inicia um processo de recuperação de seus espaços físicos, como também de reconhecimento e valorização de sua história.

[47] Clóvis Alves da Silva Júnior, entrevista concedida à Autora no apartamento 201 do Edifício Japurá, São Paulo, 29.11.2018.

Apartamento do senhor
Clovis Silva Júnior.
Fotos: Autora (novembro, 2018).

Apartamento do senhor
Clovis Silva Júnior.
Fotos: Autora (novembro, 2018).

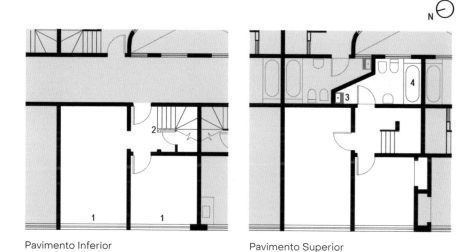

Pavimento Inferior   Pavimento Superior

1. Troca de caixilhos no pavimento inferior
2. Demolição de parede da escada
3. Retirada do tanque de lavar roupas do banheiro
4. Retirada da banheira

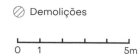

Resumo das intervenções mais comuns no apartamento
Planta base
Desenho: Yasmin Darviche e Sabrina Costa (2018).

A VOLTA DA MORADA BURGUESA E DOS PADRÕES TRADICIONAIS

EM 1955, Auriel Hedvig[1], em sua coluna de decoração na revista *Acrópole*, apresentou as possibilidades de se decorar um apartamento duplex a partir de dois "estilos". Nos casos apresentados, seja a opção moderna ou a clássica para a adequação do imóvel, o apartamento está vazio de usuários, as peças encontram-se aproximadamente nas mesmas posições, mas com desenhos diferentes. A presença da escada, dos móveis e de plantas demonstram as propostas e as possibilidades de uso, mas não há representação de seus usuários. Apesar de não determinar a que público se voltava o apartamento e ampliar as possibilidades de moradia, um artigo em um dos principais periódicos da década de 1950 dedicado a esta tipologia — o morar nos apartamentos duplex — demonstra a importância que o tema assumiu na cidade.

1 Auriel Hedvig foi colunista da revista *Acrópole* entre 1953 e 1956. Suas reportagens lançavam dicas de decoração dos espaços e disposição dos mobiliários. Acredita-se que se trate de um pseudônimo, mas até então não foram encontradas informações mais aprofundadas sobre este profissional.

No Brasil, alguns empreendimentos que se utilizavam de amplos apartamentos duplex interessaram às famílias de maior poder aquisitivo, a exemplo do Edifício Júlio de Barros Barreto (MMM Roberto, 1947), analisado no capítulo anterior. No entanto, é possível observar a apropriação e alteração do modelo já nas primeiras experiências paulistanas.

Artigo "O Antigo e o Moderno"
Fonte: revista *Acrópole*, janeiro 1955, n. 196, p. 198.

O PRIMEIRO ARRANHA-CÉU MODERNO DE SÃO PAULO

Símbolo da modernidade paulistana, o multifuncional Esther, de 1937, foi o primeiro edifício moderno com a tipologia duplex em São Paulo. Localizado na Avenida Ipiranga, abrigava originalmente lojas comerciais no pavimento térreo; salas de escritório e consultórios médicos e odontológicos do primeiro ao terceiro pavimento; apartamentos simples e os inovadores duplex espalhados do quarto ao décimo primeiro andar.

A iniciativa foi realizada pela família Nogueira, dona da Usina Esther, no interior de São Paulo[2]. Buscava-se diversificar seus investimentos e empreender em uma região que se transformava intensamente com a substituição das antigas chácaras e casarões pelos edifícios com mais de quatro andares[3].

Mediante um concurso de ideias, foi selecionado o projeto dos arquitetos cariocas Álvaro Vital Brazil e Adhemar Marinho por sua viabilidade financeira, que trazia, ainda, os elementos vinculados à proposta corbusieriana: planta livre, espaços flexíveis, janelas corridas nos andares de escritório e diferentes recursos de proteção à insolação nas fachadas. Além disso, são reconhecíveis os atributos relacionados à arquitetura moderna nos acabamentos utilizados e na flexibilidade de usos possíveis em seus andares.

Com relação aos espaços de morada, a diversidade de opções de plantas permite que moradores com perfis diversos habitem o edifício: desde qui-

2 Fernando Atique, *Memória Moderna: A Trajetória do Edifício Esther*, São Carlos, RiMa, 2013.

3 José Eduardo de Assis Lefèvre, *De Beco a Avenida: A História da Rua São Luiz*, São Paulo, Edusp, 2006.

4 Philip L. Goodwin, *Brazil Builds: Architecture New and Old 1652 – 1942*, New York, MoMA, 1943.

5 Emiliano Augusto Cavalcanti de Albuquerque Melo (1897-1976) foi um famoso pintor moderno, desenhista, ilustrador e muralista brasileiro.

6 Noemia Mourão Moacyr (1912-1992) foi uma pintora, cenógrafa e desenhista. Iniciou seus estudos com Di Cavalcanti, com quem foi casada. Frequentou as academias de arte francesas e atuou como artista plástica no Brasil.

7 A pesquisa, realizada nas listas telefônicas do período, aponta que Di Cavalcanti e Noemia moraram no edifício entre os anos de 1942 e 1952.

8 "Granfinos em São Paulo: Colar da Princeza", *Diretrizes: Política, Economia e Cultura*, n. 178, 25.11.1943, p. 6.

9 Uma troca de *e-mail* com a filha de Di Cavalcanti também frustrou a tentativa de encontrar algum registro da vida no apartamento ao longo de uma década.

tinetes aos amplos apartamentos duplex, denominados por Vital Brazil como apartamentos duplos de luxo. O prédio foi ricamente registrado para a exposição que se tornaria o livro *Brazil Builds* na década de 1940, quando foi descrito como o melhor exemplar da vida moderna[4].

Interessante observar que, tanto nas fotografias quanto nos desenhos apresentados na exposição e no livro, os apartamentos estão vazios, sem nenhum mobiliário. Em um dos croquis que demonstram o pé-direito duplo do apartamento duplex, uma figura — não é possível saber se masculina ou feminina — está em pé olhando o vazio de sua sala. Os espaços, portanto, estão disponíveis para quaisquer ocupações, não necessariamente relacionadas a um modo de vida moderno. As fotos e croquis reproduzem os desenhos dos arquitetos e demonstram a luz nos ambientes e a modulação estrutural, mas pouco ilustrando a ocupação e apropriação do apartamento.

Entre os primeiros moradores, destaca-se o casal de artistas modernos Di Cavalcanti[5] e Noemia Mourão[6]. Seu duplex[7] era considerado ponto de encontro dos intelectuais do período, como demonstra a reportagem da revista *Diretrizes*: "O casal Di Cavalcanti e a esplêndida Noemia são queridíssimos nas rodas elegantes de São Paulo. O apartamento de Di, no centro da cidade, está sempre povoado da melhor fauna local"[8]. A pesquisa, nas fontes mais diversas, não foi capaz de localizar nenhuma imagem desses momentos de sociabilidade do casal[9]. No entanto, a escolha do apartamento neste prédio demonstra o interesse de um casal de artistas no cartão-postal da modernidade paulistana.

Alguns anos depois, em 1967, Noemia Mourão inaugurou um espaço voltado para os artistas modernos na Galeria Metrópole a poucos metros do Esther, outro símbolo da modernidade paulistana, o que comprova que a área era bastante visada por artistas e intelectuais do período.

> Fui convidada, disse, e achei que deveria aceitar o convite uma vez que trabalho melhor com a vida em movimento. A função de programar exposições, preparar seus catálogos e cuidar de sua divulgação ocupará parte de meu tempo, mas não uma parte tão grande que me impeça de trabalhar em meu *atelier* normalmente[10].

10 "Nova Galeria Abre Dia 15", *O Estado de S. Paulo*, 11.5.1967, p. 9.

Além do casal de artistas modernos, o levantamento nas listas telefônicas aponta que os primeiros moradores dos duplex eram empresários, banqueiros e advogados, a exemplo de: Ferdinando Matarazzo, dono da antiga Usina Amália, sócio no Banco Intercontinental e sobrinho do Conde Matarazzo; Marcel Levy, empresário; e José de Oliveira Pirajá, advogado formado na USP e explorador de carvão mineral em São Paulo. O perfil desses primeiros moradores demonstra que o Esther era procurado por pessoas com alto poder aquisitivo e empreendedores.

Os apartamentos duplex organizam suas áreas íntimas, sociais e de serviços em dois pavimentos.

No inferior, encontram-se uma sala de estar com pé-direito duplo, vestíbulo, escada, sala de jantar, cozinha, dispensa e dependências de empregados, sendo que os espaços de serviço se voltam para o fosso interno do edifício. No superior, estão três dormitórios, um banheiro e um lavabo que atendem aos moradores, características que atestam

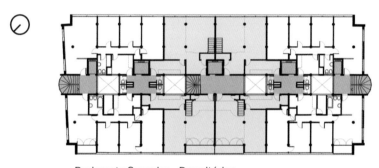

Pavimento Superior – Dormitórios

■ Circulação coletiva

Esther
Plantas dos pavimentos 9 e 10.
Desenhos: Gabriela Piccinini e Sabrina Costa (2020).

sua condição financeira mais favorável. Os acessos aos apartamentos são muitos, dois em cada andar. Neste caso, a economia de parada de elevadores defendida pelo arquiteto Eduardo Kneese de Mello não ocorre. Tanto o nono quanto o décimo andar apresentam corredores e acessos próprios. Ao todo, são quatro acessos para cada apartamento duplex.

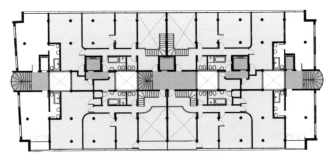

Pavimento Inferior – Social

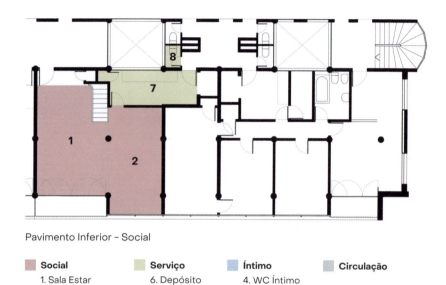

Pavimento Inferior – Social

■ Social
1. Sala Estar
2. Sala de Jantar
3. Lavabo

■ Serviço
6. Depósito
7. Cozinha
8. WC Serviço

■ Íntimo
4. WC Íntimo
5. Quartos

■ Circulação

Esther
Plantas dos apartamentos duplex.
Desenhos: Gabriela Piccinini e Sabrina Costa (2020).

Pavimento Superior – Dormitórios

11 Será utilizado o termo Centro Novo em referência à área atualmente conhecida como distrito República, enquanto Centro Velho refere-se à região do distrito Sé.

12 Sabrina Studart Fontenele Costa, *Edifícios Modernos e Traçado Urbano no Centro de São Paulo*, São Paulo, Annablume, 2015.

13 O Perímetro de Irradiação foi um anel viário proposto no Plano de Avenidas que buscava essencialmente desviar o trânsito que cortava o Centro e descentralizar a vida comercial que se dava no triângulo histórico. Este anel tangenciava pontos importantes do Centro da cidade, como a Praça João Mendes, a Sé e o Mercado Municipal e também colocava em destaque a Praça da República, ponto inicial de percurso. Prestes Maia acreditava que a praça e o conjunto urbano de seu entorno deveriam passar por grandes modificações de maneira a se tornarem mais adequados à escala urbana daquele lugar.

Outro aspecto que reforça essa ideia é a localização do edifício, no entorno da Praça da República, de frente à Avenida Ipiranga, um dos principais eixos de circulação e investimentos governamentais do período. No final da década de 1930, a área conhecida como Centro Novo[11] ganhou destaque quando foi foco de grandes intervenções para execução do Plano de Avenidas do então prefeito Prestes Maia (1938-1945), cuja gestão foi responsável por alargar ruas, abrir novas avenidas e atrair uma série de investimentos para a região[12].

Para reestruturação da região, antigas chácaras e oficinas foram demolidas, abrindo espaço para a verticalização que ganhava força e configurava uma nova imagem no entorno da Praça da República. A escolha do terreno pela família Nogueira claramente considerava as transformações pelas quais a cidade passava e os projetos de Prestes Maia apresentados no Plano de Avenidas de 1930, uma vez que a Avenida Ipiranga era um dos principais eixos do Perímetro de Irradiação[13].

Se, durante o concurso, a escolha do projeto não se deu por uma questão estilística, mas por ser a mais econômica da proposta, a modernidade do edifício era ressaltada tanto no programa quanto nos detalhes arquitetônicos: luminárias, maçanetas, desenhos de piso, modulação exposta, ausência de ornamento da fachada, exposição da estrutura, entre outros.

No subsolo do Edifício Esther, o Instituto dos Arquitetos do Brasil – departamento de São Paulo (IABsp) instalou-se ainda nos primeiros anos de funcionamento do prédio; enquanto na galeria do térreo a oferta de serviço e comércio era variada, facilitando a vida dos moradores e estimulando a circulação de um público flutuante pelo seu corredor central – uma novidade para o período que, a partir da década de 1940, se tornaria uma tipologia frequente[14].

14 Sabrina Studart Fontenele Costa, *Edifícios Modernos e Traçado Urbano no Centro de São Paulo.*

A *MULHER MODERNA* NO BRASIL: A CONQUISTA DO ESPAÇO PÚBLICO

Como já apontado por diversos estudiosos da cidade, São Paulo passou por um intenso processo de urbanização nas primeiras décadas do século XX, possibilitada especialmente pelo forte crescimento econômico relacionado com a produção de café e com o início da industrialização.

A área compreendida pelo Centro Novo passou por uma forte transformação entre 1930 e 1960. Em oposição à ideia de cidade dispersa que se fortalecia naquele momento — com a formação das periferias e a expansão da cidade industrial — essa região apresentou uma grande vitalidade urbana graças às diversas funções (atividades culturais, comércio, serviço, habitação) ali implantadas e aos espaços construídos.

A agitação na região central atraiu investidores para os poucos terrenos vazios disponíveis e para a realização de novos empreendimentos imobiliários. Foi um período em que as antigas casas e chácaras existentes na região foram substituídas por novos arranha-céus, responsáveis por romper a escala da cidade e apresentar propostas espaciais modernas.

15 Para se ter uma ideia mais clara de tais transformações, Pasquale Petrone (1955) registrou que, na década de 1950, a cidade apresentava dezoito estabelecimentos de ensino superior, três universidades, quinze estabelecimentos de ensino agrícola e industrial, 106 livrarias, 150 cinemas, oito teatros, cinco cines-teatros, doze estações de rádio e três de televisão (Pasquale Petrone, "A Cidade de São Paulo no Século xx", em Raul de Andrade Silva (org.), *A Evolução Urbana de São Paulo*, São Paulo, [s. ed.], 1955).

16 Raquel de Barros Miguel & Carmen Rial, "Programa de Mulher", em Carla Bassanezi Pinsky & Joana Maria Pedro (orgs.), *Nova História das Mulheres no Brasil*, pp. 148-167; Margareth Rago, "A Invenção do Cotidiano na Metrópole: Sociabilidade e Lazer em São Paulo", em Paula Porta (org.), *História da Cidade de São Paulo*, São Paulo, Paz e Terra, 2004, vol. 3: *A Cidade na Primeira Metade do Século xx (1890-1954)*; Raquel Sohiet, "A Conquista do Espaço Público", em Carla Bassanezi Pinsky & Joana Maria Pedro (orgs.), *Nova História das Mulheres no Brasil*, pp. 218-237.

Um novo ritmo da cidade se impunha no caminhar ligeiro de seus pedestres, na velocidade dos automóveis e na possibilidade de expandir os limites de altura pelos avanços tecnológicos. Além das transformações físicas da metrópole, era visível uma mudança no modo de vida urbano[15].

Estes novos hábitos se refletiam inclusive nos novos projetos arquitetônicos espalhados pelo centro da cidade, onde as antigas edificações eram substituídas por novos arranha-céus que rompiam a horizontalidade e propunham, entre outros programas, a moradia coletiva.

Uma das características mais marcantes daquele momento foi a presença feminina no espaço público, percebida nas diversas fotografias que registravam as multidões circulando pelas ruas da cidade, especialmente na região central. Diversas autoras apontam que, naquela época, as mulheres das camadas médias e altas começaram a frequentar as ruas; atividade restrita até então às operárias que precisavam se deslocar para as fábricas ou às mulheres que tinham empregos informais, como empregadas domésticas, lavadeiras, doceiras, floristas, artistas ou meretrizes[16].

Maria Odila Leite da Silva Dias esclarece que muitas dessas mulheres não tiveram suas histórias contadas, são as "mulheres sem histórias"[17] — título de um texto clássico da autora. Ela conta que:

A urbanização incipiente da cidade de São Paulo, a partir do último quartel do século XVIII até as vésperas da abolição, envolvia uma população majoritariamente feminina e, no entanto, poucas mulheres aparecem nas histórias da cidade[18].

Eram mulheres pobres, livres, forras, escravas que se utilizavam do espaço público como palco de improvisações de sua sobrevivência precária. Apesar do aumento significativo de pesquisas e publicações sobre mulheres e arquitetura, desde a publicação do artigo supracitado, há mais de três décadas, ainda é possível verificar um vazio a ser preenchido sobre estudos que envolvam a presença da mulher na cidade, especialmente as de classe mais baixa.

Com relação à circulação de mulheres de outras classes sociais, a descoberta e exploração dos espaços urbanos relacionava-se ao desenvolvimento comercial e industrial que solicitava sua presença e participação ativa no mundo do trabalho. Elas buscam também melhor formação e escolarização num momento em que a oferta de cursos e de vagas de trabalho se ampliava.

Contudo, para as mulheres das camadas médias e altas, sobre quem pesava um controle social e moral mais rígido, passear pelas ruas comerciais, observar calmamente as vitrines das lojas, fazer pequenas compras na Rua Direita, na xv de Novembro, ou no Mappin Store e, em seguida, conversar nas confeitarias elegantes eram práticas recentes que começavam a ser incorporadas na rotina cotidiana[19].

No fim do dia, as ruas eram tomadas pela multidão que se deslocava para ver as vitrines das ruas

17 Maria Odila Leite da Silva Dias, "Mulheres sem História", *Revista de História*, Faculdade de Filosofia, Letras e Ciências Humanas da Universidade de São Paulo, n. 114, 1983, p. 31.

18 *Idem, ibidem.*

19 Margareth Rago, "A Invenção do Cotidiano na Metrópole: Sociabilidade e Lazer em São Paulo", p. 393.

comercial, frequentar os cafés, galerias de arte, teatros e cinemas implantados nos novos edifícios modernos; práticas estas que foram, lentamente, incorporadas na rotina cotidiana de determinadas classes sociais. A paisagem urbana passava a ser ocupada por novos e heterogêneos grupos, formados por imigrantes, escravos alforriados e membros das famílias de elite que se deslocavam do campo para a cidade[20].

20 Marina Maluf & Maria Lúcia Mott, "Recônditos do Mundo Feminino".

O Centro de São Paulo era o espaço por onde se deslocavam essas mulheres em busca não só de lazer e de serviços, como também de cursos de formação e empregos. Neste contexto, a expressão *mulher moderna* é apresentada e intensificada em crônicas e anúncios do período reforçando a ideia de uma nova abordagem que associa modernidade à figura feminina.

Como já apresentamos no Capítulo 1, nos Estados Unidos e na Europa, o termo que representa as mulheres que se colocam nesse contexto de intensa transformação é *New Woman* (a nova mulher). No Brasil, o termo *moderno* ganhou ênfase como a demonstração do novo, do progresso, de liberdade, de emancipação. Segundo o historiador Nicolau Sevcenko,

21 Nicolau Sevcenko, *Orfeu Extático na Metrópole: São Paulo, Sociedade e Cultura nos Frementes Anos 20*, São Paulo, Companhia das Letras, 2003, p. 228.

[...] o vocábulo "moderno" vai condensando assim conotações que se sobrepõem em camadas sucessivas e cumulativas, as quais lhe dão uma força expressiva ímpar, muito intensificada por esses três amplos contextos: a revolução tecnológica, a passagem do século e o pós-guerra[21].

As diversas lojas implantadas nas galerias ou na Rua Barão de Itapetininga, considerada o eixo comercial de artigos de luxo do período, enfatizavam que seus produtos eram voltados para o público feminino. Público este que priorizava o conforto, preocupava-se com tempo gasto em suas atividades rotineiras e com sua aparência, como destaca o anúncio de relógio: "Quando a cidade se ilumina, elas brilham... O relógio Mavado é mais do que um ornamento, pois lhe dará sempre a hora certa, que é fator primordial na vida da mulher moderna"[22].

Neste anúncio a figura feminina é representada a partir da silhueta de três senhoras, de vestido e salto alto, em frente a uma vitrine iluminada, atrás de grandes carros e próximas aos térreos de arranha-céus, reforçando a ideia de que a figura feminina está inserida no contexto urbano.

> Para as mulheres, além de se relacionar mais estreitamente com o lazer, o ato de comprar e consumir significa a possibilidade de ultrapassar as fronteiras do seu cotidiano privado. Sair de casa para as compras, tomar decisões e poder escolher, além de ser o alvo das atenções (de anunciantes, vendedores e prestadores de serviço), têm também um caráter libertário para elas[23].

Nesse caso, o termo *mulher moderna* é reforçado a partir de outros símbolos: roupas, cortes de cabelo, poses, hábitos. As mulheres representadas no anúncio usam saltos altos, cabelos presos e vestidos longos com a cintura bem marcada, o que marca o

22 "Relógio Mavado", *O Estado de S. Paulo*, p. 2, 6.7.1958.

23 Raquel de Barros Miguel & Carmen Rial, "Programa de Mulher", p. 164.

contraste forte com as figuras masculinas de paletó num corte reto. A formalidade da roupa demonstra a ideia de que o espaço público é um lugar onde homens e mulheres desempenham diferentes papéis, exigindo cuidado na sua apresentação.

Anúncio do relógio Mavado.
Desenho: Beatriz Hubner, a partir de anúncio do jornal *O Estado de S. Paulo*, 6 de julho de 1958, p. 2.

Anúncio do perfume Centenário.
Fonte: jornal *Estado de São Paulo*, 25 de janeiro de 1954, p. 15.

Outro anúncio interessante é o do Perfume Centenário, que se oferece como "um perfume moderno para a mulher moderna" e apresenta uma senhora de cabelos curtos, com batom nos lábios e vestido preto, com as mãos na cintura numa postura de quem encara seu observador com um olhar desafiador[24]. Um forte símbolo da modernidade paulistana está representado no anúncio, numa posição de destaque: a escultura em espiral proposta por Oscar Niemeyer para o Parque Ibirapuera, na ocasião dos festejos do IV Centenário da Fundação da Cidade de São Paulo.

O desenho que aparece ao fundo do nome do perfume não se coloca ao acaso, mas remete a uma tentativa de afirmação da cidade a partir de

[24] "Perfume Centenário", *O Estado de S. Paulo*, 25.1.1954, edição do IV Centenário, p. 15.

um evento que evocava seu crescimento industrial, político e econômico, e que se utilizou das formas e da arquitetura moderna para reforçar a ideia de progresso. De acordo com Paulo Garcez Marins,

[...] a modernidade cosmopolita das edificações de Niemeyer e do símbolo em espiral foram intensamente evocadas na propaganda oficial e nos anúncios publicitários privados publicados na imprensa[25].

Além destes dois anúncios, no jornal *O Estado de S. Paulo* encontramos, por exemplo, propagandas de lojas de *lingerie* e de roupas femininas. As próprias galerias eram reconhecidas como espaços da modernidade que estimulavam a sociabilidade na região central com os desenhos inovadores que ocorriam nos térreos dos altos edifícios moderno[26].

Inseridas na forte dinâmica cultural da cidade, as mulheres frequentavam os cinemas, os teatros, as livrarias, os museus, as galerias de arte, os restaurantes e bares da região central, muitas vezes protagonizando os episódios importantes do contexto cultural. Em 1945, o Instituto dos Arquitetos do Brasil inaugurou uma exposição de pinturas da Annita Malfatti[27] em seu espaço no Edifício Esther[28], enquanto que, em 1967, Noemia Mourão abriu na Galeria Metrópole um espaço voltado para os artistas modernos[29].

Além das facilidades do cotidiano, nos espaços do térreo, destinados a salas de cinema, galerias de arte e livrarias, ocorriam as atividades de lazer e sociabilidade entre os que moravam, trabalhavam

---

25 Paulo César Garcez Marins, "O Parque do Ibirapuera e a Construção da Identidade Paulista", *Anais do Museu Paulista*, São Paulo, vol. 6/7, 2003, p. 9.

26 Sabrina Studart Fontenele Costa, *Edifícios Modernos e Traçado Urbano no Centro de São Paulo*.

27 Annita Catarina Malfatti (1889-1964) foi uma importante pintora, desenhista, gravadora, ilustradora e professora. Participou da Semana de Arte Moderna de 1922 expondo vinte trabalhos, integrou a Sociedade Pro-Arte Moderna (SPAM), a Família Artística Paulista (FAP) e o Salão Revolucionário na década de 1930.

28 "Annita Malfatti", *O Estado de S. Paulo*, 17.11.1945, p. 4.

29 "Nova Galeria Abre Dia 15", *O Estado de S. Paulo*, 11.5.1967, p. 9.

ou circulavam pelo Centro. A ida aos cinemas para assistir aos filmes recém-chegados de Hollywood também era um evento no qual as pessoas poderiam se encontrar, verem e serem vistas, além de se atualizarem sobre as novidades norte-americanas.

O cinema, que se tornava um dos principais pontos de encontro da nata da sociedade paulistana, ganhava, a partir dos anos 20, salas amplas e luxuosas, cenários refinados para os espetáculos elegantes que então se desenrolaria[30].

30 Margareth Rago, "A Invenção do Cotidiano na Metrópole: Sociabilidade e Lazer em São Paulo", p. 395.

A importância de ir ao cinema, para as mulheres, é atestada pelo Suplemento Feminino do jornal *O Estado de S. Paulo* que, a partir de 19 de agosto de 1955, passou a publicar uma coluna semanal sobre as estreias nas principais salas da cidade. Como afirmam Raquel Miguel e Carmem Rial:

[...] o cinema era para todas (que podiam pagar). Acompanhadas de familiares ou amigas, frequentavam as salas de projeção espalhadas pelo Brasil desde os anos 1920, quando surgiram os primeiros cinemas no Brasil[31].

31 Raquel de Barros Miguel & Carmen Rial, "Programa de Mulher", p. 154.

Além dos cinemas, as livrarias, cafés e bares da região eram espaços dedicados aos encontros e debates que assumiam uma importância cada vez maior na vida social de São Paulo. A designer Ana Luisa Escorel descreve numa crônica como sua mãe, Gilda de Mello e Souza, professora de Estética da Universidade de São Paulo, percorria confeitarias, cafés e livrarias para passeios e encontros com outros intelectuais do período.

Agora, quando levava a menina a algum passeio, aniversário, ao teatro, para tomar chá na Vienense ou na Livraria Jaraguá, não abria mão da elegância, nem do laço de fita no cabelo, ajeitado com esmero, porque a mãe era muito caprichosa. [...] Na [livraria] Jaraguá, a mãe ficava à vontade, no meio dos amigos, intelectuais como ela, todas as vezes que as duas iam. Então, antes de chegar à confeitaria, no fundo, parava para conversar entre livros e estantes. E conversava tanto que a menina precisava puxá-la pelo braço, lembrando o chá, os doces e os biscoitos, senão a mãe se esquecia da vida, na prosa[32].

32 Ana Luisa Escorel, "A Menina e a Mãe Dela", *Revista Piauí*, n. 40, jan. 2010, p. 43.

As mulheres de classe média deslocavam-se pelas ruas em busca não só de lazer e de serviços, como também de cursos de formação e empregos. Parte da efervescência da região central devia-se à presença de alguns cursos da Universidade de São Paulo espalhados pelos edifícios nos arredores da Praça da República e na Rua Maria Antônia. Era comum a circulação dos alunos, professores e funcionários pela região.

Logo nos primeiros anos de funcionamento, apesar de serem minoria, era comum a presença de mulheres entre estes grupos. Eva Blay e Alice Lang apontam que na primeira turma formada em 1936, dos 24 diplomados na Faculdade de Filosofia, Ciências e Letras da Universidade de São Paulo, apenas dois eram mulheres. No entanto, esse número subia gradualmente, na medida em que se ampliava o acesso das mulheres à educação[33].

Apesar do maior grau de educação das mulheres, seu ingresso no mercado de trabalho aconteceu com grandes diferenças de salário e de prestígio, se comparadas com os homens. A crença principal era de que a responsabilidade financeira fosse masculina, ou, como afirma Carla Pinsky sobre os anos 1950, "na família-modelo dessa época, os homens tinham autoridade e poder sobre as mulheres e eram os responsáveis pelo sustento da esposa e dos filhos"[34].

A despeito da conquista do espaço público, essas mulheres — que trabalhavam, circulavam pelas calçadas, praças e galerias da região central, frequentavam os cinemas, livrarias e cafés com mais liberdade —, continuavam a serem vistas como as responsáveis pelos cuidados com as suas famílias e com seus lares. Foi também nesse momento que se estabeleceu um novo modelo de feminilidade, no qual cabia à mulher: atentar aos detalhes da vida cotidiana de cada um dos membros da família; vigiar seus horários; estar a par de todos os pequenos fatos rotineiros. Neste padrão burguês exigia-se um novo ideal feminino, sua consagração no lar e na maternidade.

Elas eram consideradas modernas por estarem atualizadas em relação à moda e aos novos hábitos, mas ainda eram as responsáveis pela administração da rotina doméstica. Uma pesquisa sobre o termo *mulher moderna* nos anúncios e nas crônicas do jornal *O Estado de S. Paulo*, entre as décadas de 1930 e 1960, revelou a dicotomia entre atividades domésticas e a formação dessas mulheres.

33 Eva Alterman Blay & Alice Beatriz da Silva Gordo Lang, *Mulheres na USP: Horizontes que se Abrem*, São Paulo, Humanitas, 2004.

34 Carla Bassanezi Pinsky, "Mulheres dos Anos Dourados", em Mary del Priore (org.), *História das Mulheres no Brasil*, São Paulo, Contexto, 2013, p. 608.

No Suplemento Feminino do jornal *O Estado de S. Paulo*, a colunista denominada Capitu afirma em sua crônica: "A mulher moderna é que encontra tempo para tudo. Inclusive para cuidar ou aprender a cuidar da casa"[35]. Mesmo para enfatizar as qualidades de uma boa profissional, é necessário ressaltar que ela é atenta e dedicada às tarefas do lar. Como pode ser observado no relato do encontro de jornalistas, em que os atributos da consulesa da Itália são descritos:

> Não nos esqueçamos também que [a consulesa] é uma pianista de mérito e excelente dona de casa. Representa bem a mulher moderna, que tanto pode cuidar das mais elevadas questões, como desses nadinhas – às vezes tão aborrecidos! – que constituem o cotidiano[36].

Para essas *mulheres modernas* que precisavam dominar as atividades do lar, diversos cursos eram oferecidos nos periódicos, em especial cursos de:

- preparação familiar: "preparação de que necessita uma jovem moderna para as enormes responsabilidades da família"[37];
- extensão cultural: "organizado em moldes universitários europeus, o qual dará a jovem a oportunidade de enriquecer o espírito, aprimorando os seus conhecimentos sobre filosofia, arte, literatura universal, sociologia política etc."[38];
- decoração: "pois a mulher moderna, em seu papel de dona de casa, procura resolver por si mesma os

35 "Capitu. [Crônica]", *O Estado de S. Paulo*, 26.4.1946, Página Feminina, p. 4.

36 "Capitu. [Crônica]", *O Estado de S. Paulo*, 15.12.1950, Página Feminina, p. 5.

37 "Cursos da 'Lareira'", *O Estado de S. Paulo*, 28.2.1958, Suplemento Feminino, p. 42.

38 *Idem, ibidem.*

problemas de arranjos de móveis, escolha de cores e outros, relativos à decoração de interiores"[39].

Os cursos ofertados relacionam-se com a tentativa de demonstrar como a moça recém-casada poderia superar o desafio de ser uma boa dona de casa e lidar com o cotidiano familiar. Além de treinos específicos de curta e longa duração era comum periódicos e manuais trazerem colunas com recomendações sobre práticas e horários para realizar as atividades de manutenção e higiene doméstica – muitas vezes eram explicadas técnicas de como varrer a casa, métodos de lavagem de roupas, polir utensílios, o uso de produtos específicos – além de instruir sobre os cuidados com o asseio dos corpos e o preparo de receitas para o trato específico da boca, cabelos, ouvidos, sempre com a preocupação de garantir a saúde e a higiene da família.

39 "Curso de Decoração", *O Estado de S. Paulo*, 21.3.1958, p. 37.

A MORADA BURGUESA

De fato, morar nesta região que abrigava uma concentração de pontos de interesse imobiliário e com vistas para a Praça da República — um dos oásis verdes do Centro — era um privilégio de poucos. Ou, como afirmou Pierre Bourdieu, as maneiras de habitar e os lugares de suas habitações revelam posições sociais[40]. Nas proximidades do Esther, menos de duas décadas após sua inauguração, seria construído o Edifício Eiffel.

O anúncio do jornal *Folha da Manhã* de 23 de março de 1952, na página 4, apresenta o empreen-

40 Pierre Bourdieu, *A Distinção. Crítica Social do Julgamento*, São Paulo, Edusp/Zouk, 2007.

41 "O Clímax Residencial de São Paulo: Edifício Eiffel", *Folha da Manhã*, 23.3.1952, Vida Social e Doméstica, p. 4.

42 Daniela Viana Leal, *Oscar Niemeyer e o Mercado Imobiliário de São Paulo na Década de 1950: O Escritório Satélite sob a Direção do Arquiteto Carlos Lemos e os Edifícios Encomendados pelo Banco Nacional Imobiliário*, Dissertação de Mestrado, Instituto de Filosofia e Ciências Humanas, Universidade de Campinas, Campinas, 2003.

43 Simone Barbosa Villa, *Apartamento Metropolitano: Habitações e Modos de Vida na Cidade de São Paulo*, Dissertação de Mestrado, Escola de Engenharia de São Carlos, Universidade de São Paulo, São Carlos, 2002, p. 84.

dimento: Situação: basta dizer que é na Praça da República, no seu melhor ângulo residencial, repleto de beleza verde das folhagens, com 58 metros de frente para a tradicional praça de São Paulo[41].

Conforme anunciado, o prédio da Companhia Nacional de Investimentos foi projetado por Oscar Niemeyer, com a colaboração de Carlos Lemos entre 1951 e 1955. Daniela Leal defende que a contratação de arquitetos vinculados ao movimento moderno nos empreendimentos imobiliários, a partir de meados da década de 1940, se relaciona com a imagem do progresso transmitida pelas construções[42].

O edifício de apartamentos, neste momento, veiculava a imagem de progresso e avanço técnico, gerando uma rentabilidade bem superior à das habitações horizontais de aluguel construídas até então, inclusive por permitir a sobreposição de unidades em uma mesma gleba, em vários pisos[43].

No mesmo período em que Oscar Niemeyer projetava o Eiffel, os edifícios Copan e Montreal estavam sendo desenhados como habitação de diversos formatos e tipologias para os habitantes da metrópole que se consolidava. O Copan apresentava unidades com tamanhos e organizações diversas — desde quitinetes até apartamentos de um a quatro dormitórios — com uma galeria que oferecia uma variedade de serviços e comércios à disposição de seus moradores, além do público flutuante da região da República. Enquanto o Montreal abrigava, exclusivamente, quitinetes.

O anúncio citado na página 205 divulga que uma das preocupações de Oscar Niemeyer com o projeto para os apartamentos do conjunto Eiffel era o conforto, "tudo previsto, minuciosos detalhes apreciados, no sentido de proporcionar o mais alto conforto"[44]. A ideia do conforto colocava-se como um atrativo direto para as classes mais altas, uma garantia de bem-estar para as famílias a partir dos recursos materiais disponíveis no apartamento e nos espaços comuns.

A pesquisadora francesa Monique Eleb afirma que "ao longo do século XX, a noção de conforto passou da expressão de um sentimento qualitativo e subjetivo para uma noção mensurável e objetiva, relativa à ideia de equiparar a habitação e ligado ao progresso"[45]. Neste sentido, o texto do anúncio deixava claro que a habitação estava adequada às demandas por água encanada, luz, telefone e outras redes técnicas necessárias para garantir um cotidiano saudável dos moradores daquele empreendimento.

Olivier Le Goff, em seu livro *L'Invention du Confort. Naissance d'une Forme Sociale*, destrincha esse conceito e a alteração de sua essência ao longo dos séculos. Afirma que, apesar das enciclopédias e dicionários associarem-na à ideia de bem-estar desde 1842, a palavra é mais antiga e pode ser encontrada em vários escritos do século XI, derivada do latim *confortare*: ajuda, assistência, coragem, socorro. Mas caiu em desuso e foi recuperada no século XIX, como neologismo do sentido inglês. Segundo o autor: "O conforto é o progresso e o progresso vem da Inglaterra, a pátria da Revolução Industrial"[46].

[44] "O Clímax Residencial de São Paulo: Edifício Eiffel", p. 4.

[45] Monique Eleb, "Lugares, Gestos e Palavras do Conforto em Casa", *V!RUS*, São Carlos, n. 5, jun. 2011.

[46] Olivier Le Goff, *L'Invention du Confort. Naissance d'une Forme Sociale*, Lyon, Press Universitaire de Lyon, 1994, p. 27). Tradução da autora.

Tanto Olivier Le Goff quanto Monique Eleb defendem que a ideia do conforto associado ao bem-estar ganhava força entre as famílias burguesas que buscavam privacidade neste momento em que o lar se configurava como espaço de intimidade e afastamento da vida pública. Como demonstrou Walter Benjamin, a habitação apresenta os rastros de seus moradores, especialmente no lar burguês, onde cada objeto busca representar uma ideia dos interesses, gostos e cuidados de seu dono[47].

O conforto, também associado à ideia de progresso pelas comodidades de se ter água encanada, eletricidade e gás, colabora na diferenciação e legitimação da família burguesa brasileira no final do século XIX, enquanto, em meados do século XX, o discurso do conforto se construiu a partir da tecnologia dos eletrodomésticos que invadiam os diversos cômodos da casa.

A geladeira, o fogão a gás, a batedeira e o aspirador de pó prometiam reduzir o tempo e o esforço da mulher com as atividades domésticas. No entanto, para que isso acontecesse, seria necessário a presença de pontos de água, gás e eletricidade em seus lares. Dessa maneira, o anúncio de venda dos apartamentos duplex do Edifício Eiffel prometia que essas demandas seriam atendidas, o conforto estava assegurado para as famílias que dispunham de recursos financeiros para adquirir toda parafernália tecnológica do *lar moderno*.

Nesse edifício, o conforto garantia não somente a qualidade de vida dos membros da família, como também assegurava a diferenciação e distinção de

[47] Walter Benjamin, *Passagens*.

seus proprietários que poderiam se afirmar não somente pela vista privilegiada da Praça da República ou pela infraestrutura de transporte à sua disposição, como também por ter acesso garantido a uma organização espacial arrojada que garantisse iluminação e ventilação abundantes e o uso dos materiais mais qualificados.

Assim, vale a pena retomar a explicação do professor e arquiteto Carlos Lemos para essa questão: "Oferecia-se o máximo de conforto porque exigia-se distinção completa entre prédios de apartamentos e cortiços ou casas de cômodos"[48]. A habitação coletiva para as classes altas estava, portanto, condicionada à sua diferenciação na escolha dos arquitetos, da organização espacial e dos materiais.

A torre do Eiffel reúne 54 apartamentos duplex de variados tamanhos, enquanto o térreo abriga uma galeria comercial. O acesso aos apartamentos se dá pelo pavimento superior, onde se localizam sala, cozinha e área de serviço, enquanto no inferior ficam os dormitórios e banheiros. Segundo Carlos Lemos, a inversão (áreas sociais acima, áreas íntimas embaixo) é uma tentativa de isolar os sons de cada família em seu próprio domínio[49]. De tal modo os barulhos dos eventos sociais produzidos na sala incomodariam apenas os moradores do mesmo apartamento que estivessem em seus dormitórios, fato este que parece atestar uma intensa vida social.

Os apartamentos se dividem basicamente em dois tipos: aqueles que ficam no corpo central do edifício (Tipo 1), são menores e contam com sala, cozinha e uma pequena área de serviço no pavimento

48 Carlos Alberto Cerqueira Lemos, *Cozinhas, etc.*, p. 162.

49 Entrevista à Autora realizada na FAU Maranhão, em 19 de janeiro de 2016.

superior, dois dormitórios e um banheiro no inferior; enquanto os localizados nos braços do edifício (Tipo 2) contam com quatro dormitórios e dois banheiros no pavimento inferior, e uma sala, ampla cozinha e área de serviço no superior. Nos dois tipos a existência do quarto de empregada comprova a presença de funcionários no cotidiano das famílias.

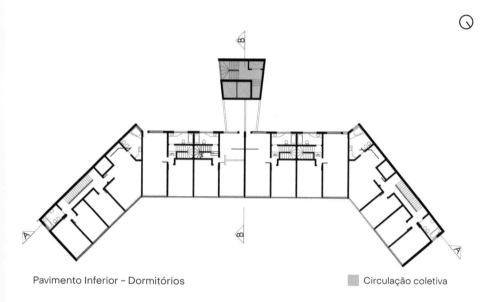

Pavimento Inferior - Dormitórios   Circulação coletiva

Conjunto Eiffel
Pavimentos tipo.
Desenho: Gabriela Piccinini e Sabrina Costa (2020).

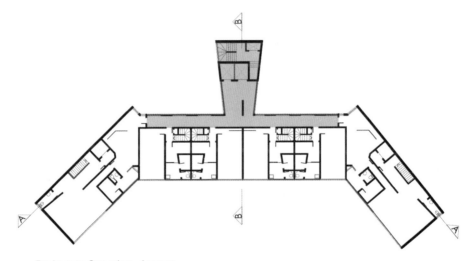

Pavimento Superior - Acesso

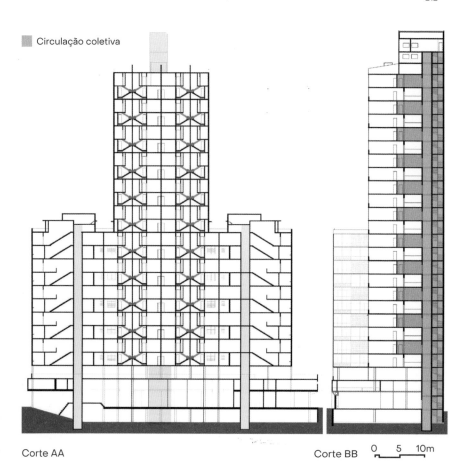

Conjunto Eiffel
Cortes.
Desenhos: Gabriela Piccinini e Sabrina Costa (2020).

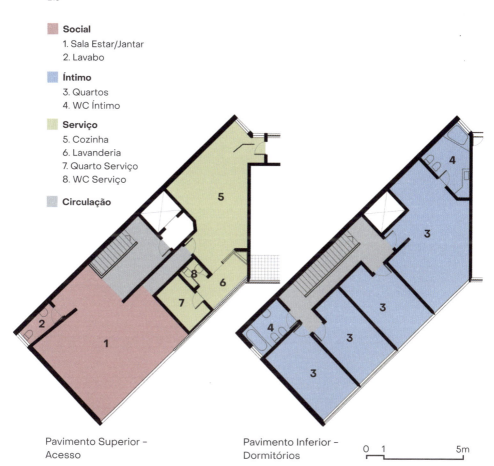

Conjunto Eiffel
Plantas das unidades duplex – Tipo 1.
Desenhos: Gabriela Piccinini e Sabrina Costa (2020).

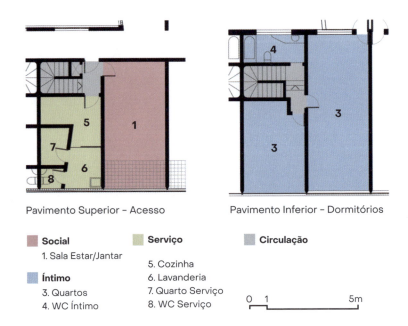

Conjunto Eiffel
Plantas das unidades duplex – Tipo 2.
Desenhos: Gabriela Piccinini e Sabrina Costa (2020).

APARTAMENTOS MODERNOS E NOBRES

Outro conjunto com apartamentos duplex que se destaca pelas dimensões e pela organização espacial foi idealizado por Lúcio Costa no Rio de Janeiro: o Parque Guinle. Construídos em Laranjeiras, os edifícios Nova Cintra, Bristol e Caledônia faziam parte de um complexo original que continha seis blocos. Eles estão implantados num amplo parque, elevados sobre pilotis e rodeados pelos jardins de Burle Marx, que faz a transição entre a paisagem natural e as construções. Lúcio Costa explica a intenção de seu projeto aos empreendedores quando consultado:

> Aconselhei então uma arquitetura contemporânea que se adaptasse mais ao parque do que à mansão, e que os prédios alongados, de seis andares, fossem soltos do chão e dispusessem de *loggias* em toda a extensão das fachadas, com vários tipos de quebra-sol, já que davam para o poente. Foi o primeiro conjunto de prédios construídos sobre pilotis e o prenúncio das superquadras de Brasília[50].

50 Lúcio Costa, "Parque Guinle. Anos 40", *Registros de uma Vivência*, São Paulo, Empresa das Artes, 1995, p. 205.

Parque Guinle
Foto: Autora (outubro, 2017)

51 Carla Maria Teixeira Coelho, *Conjunto Residencial Parque Guinle e a Preservação de Edifícios Residenciais Modernos*, Dissertação de Mestrado, Faculdade de Arquitetura e Urbanismo, Universidade Federal do Rio de Janeiro, Rio de Janeiro, 2006.

52 Paulo César Garcez Marins, "O Parque do Ibirapuera e a Construçao da Identidade Paulista", p. 187.

53 Lúcio Costa, "Parque Guinle. Anos 40", p. 212.

As plantas dos apartamentos variam de 286 a 604 m^2, com quatro tipos, sendo seis duplex por edifício. Nos três edifícios, a parte central do segundo ao sétimo pavimento é ocupada por apartamentos duplex de três dormitórios[51]. No que se refere à organização espacial desses apartamentos de dois andares, em geral, o pavimento inferior é dotado de uma grande sala que se separa das áreas de serviço (cozinha, lavanderia, quarto e banheiro de serviço) pela escada, que dá acesso ao piso superior, onde se encontram três dormitórios, um banheiro e uma varanda íntima.

Os apartamentos são previstos para famílias abastadas que se propõem a morar em conjuntos multifamiliares, sob a condição de terem garantidos os espaços da vida tradicional. Como nos dois outros prédios analisados anteriormente, no conjunto do Parque Guinle também as grandes áreas, sua distribuição e os materiais garantiam a imagem de sofisticação dos empreendimentos.

O receio de decair socialmente, advindo do desprezo com as coabitações, foi vencido com a adoção de acabamentos custosos utilizados nos revestimentos externos e nas áreas internas de circulação dos edifícios[52].

Lúcio Costa ainda afirma que esta seria a "primeira experiência de um conjunto residencial de apartamentos destinados à alta burguesia"[53].

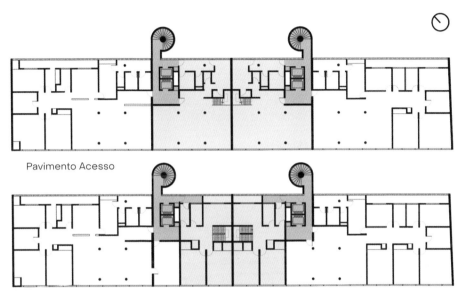

Pavimento Acesso

Pavimento Superior

Circulação coletiva
Apartamento duplex

0 1   5m

Parque Guinle
Plantas geral de distribuição das unidades
Pavimento tipo
Desenhos: Gabriela Piccinini e Sabrina Costa (2020).

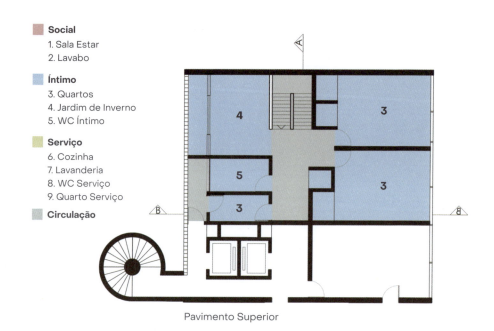

Pavimento Superior

Parque Guinle
Plantas do apartamento duplex
Desenhos: Gabriela Piccinini e Sabrina Costa (2020).

221

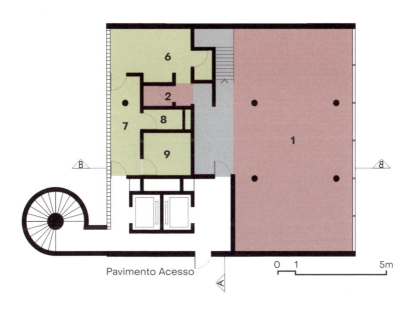

Pavimento Acesso

A presença dos espaços para os empregados nesses apartamentos modernos se relaciona com a ideia de Carlos Lemos ao afirmar que se buscava, ao máximo, aparentar uma vida luxuosa e recatada entre as famílias de classes média e alta.

> Os edifícios deveriam ter "entradas nobres" e entradas de serviço. O acesso à rua poderia ser uma só, mas dentro, logo no térreo, as circulações passariam a ser diferenciadas. Deveriam ter cozinha, tanque, banheiro e quarto da criada, pois toda família que se prezava tinha uma empregada morando em casa. Deveriam ter duas salas, inclusive a de visitas. E quarto dos bons. O acabamento, o melhor possível[54];

54 Carlos Lemos, *Cozinhas, etc.*, p. 162.

Para ser entendido como um *lar de respeito*, sua organização espacial deveria manter os empregados isolados nas dependências de serviço.

A diferenciação rígida entre áreas íntimas e de serviço — e entre seus respectivos ocupantes — foi um anseio que escapou largamente aos apartamentos de luxo. A permanência e a circulação mereceram a criação de caminhos e espaços diferenciados, sedimentando para os setores médios uma distinção em que se sente o bafejar dos tempos de escravidão[55].

55 Paulo César Garcez Marins, "O Parque do Ibirapuera e a Construção da Identidade Paulista", p. 192.

A questão das empregadas domésticas esteve presente nas colunas femininas, espaços de aconselhamento dos periódicos e nas conversas cotidianas das donas de casa. O quarto de empregada nos apartamentos burgueses apresenta as longas jornadas de trabalho a que estas mulheres estavam submetidas e as precárias horas de descanso cotidiano. Neste sentido, a pesquisa de Simone Villa aborda como as áreas dos quartos de empregada diminuem ao longo das décadas, mas se mantêm mal ventiladas e mal iluminadas, escondidas e isoladas[56].

Os anúncios de jornais e revistas mostravam, ainda, os aparelhos domésticos e as facilidades da vida moderna: fogão, geladeira, gás, querosene, entre outros. No entanto, no Brasil, a possibilidade de comprar eletrodomésticos ainda era limitada a algumas famílias. Somente na década de 1950 essa realidade mudou. Rafaela Martins aponta que "com o passar dos anos, o desenvolvimento industrial do país e a expansão de empresas de energia, que distribuíam gás e eletricidade, a produção e o consumo de utensílios domésticos aumentou"[57]. No entanto, esse consumo ainda era restrito a uma pequena parte da população, aquela que poderia pagar por eles.

Os informes publicitários da década de 1950 apontam que o apelo ao consumo tinha como foco as mulheres, apresentando a ideia de praticidade e modernidade. Um exemplo pode ser vislumbrado no anúncio do jornal *O Estado de S. Paulo* de 5 de outubro de 1954, que apresenta um refrigerador como "símbolo do requinte e do conforto da vida moderna"[58].

Os eletrodomésticos expressavam as possibilidades de novas dinâmicas domésticas e sua publicidade dialogava, diretamente, com os textos de jornais que anunciavam mudanças nas vidas das

56 Simone Barbosa Villa, *Apartamento Metropolitano. Habitações e Modos de Vida na Cidade de São Paulo.*

57 Rafaela Cristina Martins, "A Divisão Funcional do Espaço Doméstico por Gênero: Um Olhar Através da Imagem da Mulher na Propaganda de Eletrodomésticos", *Temporalidades – Revista Discente do Programa de Pós-Graduação em História da* UFMG, vol. 7, n. 3, 2016, p. 178.

58 "Brastemp Super Luxo", *O Estado de S. Paulo*, 5.10.1954, p. 7.

donas de casa europeias e norte-americanas com a redução do número de empregados. "A empregada doméstica e a pajem praticamente desaparecem do lar norte-americano. A falta da mão de obra e os salários elevados pagos nas indústrias são a causa desse fato"[59]. O cenário do pós-guerra europeu e a escassez de criados e empregadas domésticas – que migraram para empregos em fábricas, lojas e grandes magazines – assombravam a classe média paulistana acostumada a ter pessoas trabalhando em suas casas por baixos salários e sem direitos trabalhistas. Segundo Monique Eleb, na França,

> [...] a questão dos "serviçais residentes" é regulamentada logo após a Primeira Guerra Mundial, pois eles desaparecem, e nas residências de famílias ricas surge a empregada doméstica que não mora na casa dos patrões, o que transforma a habitação, a qual doravante não precisa ter andares ou quartos para serviçais[60].

No entanto, no Brasil, a realidade demorou a se modificar. Rafaela Martins (2016) aponta que ainda na metade do século XX, as famílias ricas e médias da sociedade paulistana possuíam pessoas que trabalhavam em suas casas. "Serviços como de cozinheiras, babás, e principalmente empregadas domésticas eram executados por mulheres mais pobres"[61]. As mulheres de classe média eram responsáveis pela organização das atividades do lar, incluindo no gerenciamento de seus funcionários e de seus equipamentos.

---

59 "As Empregadas Desaparecem", *O Estado de S. Paulo*, 30.1.1953, p. 6.

60 Monique Eleb, "Conforto, Bem-Estar e Cultura Material na França", em Flávia Brito do Nascimento; Joana Mello de Carvalho e Silva; José Tavares Correia de Lira & Silvana Barbosa Rubino (orgs.), *Domesticidade, Gênero e Cultura Material*, São Paulo, Edusp/CPC, 2017, p. 164.

61 Rafaela Cristina Martins, "A Divisão Funcional do Espaço Doméstico por Gênero", p. 186.

MORADIA E MODERNIDADE HOJE: ENTENDENDO CONFIGURAÇÕES ESPACIAIS E AS PRÁTICAS DOMÉSTICAS NOS APARTAMENTOS DOS EDIFÍCIOS ESTHER E EIFFEL

Analisadas as variações e transformações da tipologia ao longo das décadas e em contextos culturais diversos, o fechamento deste capítulo trata especificamente de dois conjuntos duplex modernos. Busca-se, portanto, compreender suas organizações espaciais, o perfil de seus moradores e as transformações que sofreram ao longo de décadas de uso. Foram analisados exemplares consagrados pela historiografia da arquitetura e reconhecidos como patrimônio oficial da cidade de São Paulo, seja pelo projeto arquitetônico, pela relevância de seus autores e pela localização na área central.

O Edifício Esther foi tombado pelo Conselho de Defesa do Patrimônio Histórico, Arqueológico, Artístico e Turístico do Estado de São Paulo (Condephaat) em 1990[62] com a justificativa de

> [...] constituir um profundo marco na paisagem e na história da arquitetura paulista, por se tratar de um projeto de desenho coeso e consequente de princípios funcionalistas desenvolvidos com profundidade e alto padrão formal, num excelente equacionamento de todos os aspectos do programa[63].

Em 1992, ele foi tombado também pelo Conselho Municipal de Preservação do Patrimônio Histórico, Cultural e Ambiental da Cidade de São Paulo[64]. No caso do Edifício Eiffel, o tombamento inicial

[62] Condephaat, Resolução 25 de 24.8.1990.

[63] Condephaat, Processo 23262/85, p. 304.

[64] Conpresp, Resolução 31/1992.

aconteceu por sua inserção no Perímetro de Tombamento do Anhangabaú; e a presente pesquisa revela que os moradores atuais reconhecem as qualidades da organização espacial e de sua localização, inclusive muitos deles têm a consciência dos cuidados que devem ter em relação a sua conservação.

Edifício Esther e seu contexto urbano
Foto: Autora (setembro, 2017).

É comum escutar dos moradores e usuários do prédio a referência à diversidade que ocorre no edifício. A diversidade é expressa por meio do perfil dos usuários e dos usos variados que ocorrem nos diferentes pavimentos do edifício: escritórios, cabelereiros, restaurantes, casa noturna e habitação.

No que se refere aos apartamentos duplex, dos quatro apartamentos com esta tipologia, apenas dois funcionam atualmente como moradia. Um escritório de perícias e contabilidade funciona no apartamento 904 e seu proprietário, Sérgio Mello, relatou que seu escritório funciona no prédio há 25 anos. A escolha desse espaço ocorreu, especialmente, em função da localização – na área central, em frente ao metrô. Seu espaço sofreu uma reforma que se marca, principalmente, pelo fechamento do pé-direito da sala com uma laje, e pela divisão interna do pavimento superior para abrigar as áreas de trabalho. Antes da empresa de contabilidade, funcionava um escritório de advocacia. Sérgio Mello explica que "precisava reintegrar o apartamento e deixar o escritório funcional e também apresentável para os clientes"[65].

[65] Sérgio Mello, entrevista concedida à Autora no apartamento 904 do Edifício Esther, São Paulo, 12.5.2017.

Interiores do apartamento 905
Foto: Autora (abril, 2016).

Beto Grimaldi é o proprietário do apartamento 905 desde 2008. Ele foi morador do Esther, mas no momento da entrevista, estava colocando o imóvel à disposição para aluguel. Tendo isto em vista, realizou uma pequena reforma que ressaltava as características do espaço original: retirou a laje que fechava o pé-direito duplo, restaurou as janelas em fita e pintou as paredes de branco. Grimaldi conta que estava procurando um espaço na região central quando achou o imóvel à venda por um bom preço. Ele, como um admirador da arquitetura moderna, já se interessava pelo edifício. O apartamento era utilizado anteriormente como salão de beleza e estava descaracterizado: "Quando eu comprei, isso aqui estava cheio de parede. Entendeu? Estava cheio daquelas divisões que têm em cabelereiro"[66]. Esta unidade abriga desde outubro de 2017 o Studio Pharus, uma galeria de arte contemporânea, que funciona também como residência artística para desenvolvimento de projetos específicos.

O edifício tem perdido lentamente seu programa habitacional, acolhendo funções cada vez mais diversas em seus espaços. Além do salão de cabelereiro que esteve instalado no apartamento 905, outra unidade abrigou, entre 2004 e 2012, uma mesquita que recebia mulçumanos de origem africana na região central da cidade. As intervenções, realizadas recentemente, deram maior visibilidade ao edifício. O apartamento da cobertura foi convertido em um restaurante, que para isso executou reformas que alteram a leitura do conjunto, entre elas o fechamento do terraço

[66] Beto Grimaldi, entrevista concedida à Autora no apartamento 905 do Edifício Esther, São Paulo, 24.3.2017.

com uma cobertura provisória e a instalação de um guarda-corpo de vidro.

Grimaldi denuncia o descaso que os gestores do edifício têm com a manutenção e conservação das áreas comuns e demonstra saber de sua importância para a historiografia da arquitetura: "Foi o primeiro edifício modernista da América Latina"[67].

A situação é bem diferente no Edifício Eiffel. Cristina Tosta, atual síndica, contou que, no início dos anos 2000, ainda era possível encontrar consultórios de psicólogos, escritórios de contabilidade, produtoras e outras atividades nos apartamentos[68]. Atualmente, todos têm função residencial. As entrevistas com os moradores deste conjunto também apontam que, nos últimos dez anos, uma nova geração de interessados tem ocupado o prédio.

O morar em um apartamento com organização espacial em dois níveis parece ser objeto de interesse também da maioria dos moradores do Edifício Eiffel. Marcelo Brígido (2017) conta que viu o prédio pela primeira vez quando acompanhava a obra do vizinho. Ele observava as janelas do Eiffel e achava interessante que o morador de um andar de repente aparecia no outro andar. "Fiquei então primeiro apaixonado pela ideia de existir um apartamento que fosse duplex"[69]. Anos depois ele comprou um apartamento no edifício.

José Albino Lupianhez também relata que o fato de poder mudar de andar no edifício é algo que o agrada bastante. A admiração de Albino pelo prédio está demonstrada nos vários quadros e gravuras espalhados pelo apartamento que representam o edifício. Ele revela que a disposição das áreas é um

---

67 *Idem.*

68 Cristina Tosta, entrevista concedida à Autora em seu escritório sobre o apartamento 71 do Edifício Eiffel, São Paulo, 13.3.2018.

69 Marcelo Brígido, entrevista concedida à Autora no apartamento 35 do Edifício Eiffel, São Paulo, 11.4.2017.

[70] José Albino Lupianhez, entrevista concedida à Autora no apartamento 95 do Edifício Eiffel, São Paulo, 11.4.2017.

[71] Leon Garcia, entrevista concedida à Autora no apartamento 232 do Edifício Eiffel, São Paulo, 26.3.2018.

dos pontos altos do apartamento: "O que eu mais gostei é que os quartos são embaixo. Ele é o contrário de um sobrado. Os quartos aqui são embaixo e a sala em cima. Ele [Niemeyer] fez o contrário"[70]. Leon Garcia, morador de um apartamento tríplex no Eiffel, remete à mesma ideia:

> Tem uma coisa interessante que é os quartos ficarem embaixo da sala, você não fica direto no andar dos quartos. O barulho que vem dos quartos é do barulho do seu próprio apartamento. É ao contrário de uma casa. Por que é ao contrário de uma casa? Na casa, os quartos são em cima. Você não entra andar de baixo e sobe um porque realmente faz sentido você proteger os quartos do barulho do térreo[71].

Com relação aos usos dos espaços internos e suas adaptações à vida contemporânea, praticamente todos os apartamentos sofreram alterações físicas; e, as entrevistas ajudaram a entender a necessidade de adaptação dos apartamentos, com mais de seis décadas de existência, aos padrões contemporâneos de domesticidade. Entre as transformações destacam-se: a demolição do quarto de empregada e do lavabo no pavimento superior (para ganhar área na cozinha ou na sala); a divisão do quarto maior em dois cômodos; e a criação de mais um banheiro na área embaixo das escadas — demandas relacionadas às condições de vida atuais, pois as empregadas domésticas que dormem nos lares são cada vez menos frequentes, e, em contrapartida, muitas pessoas trabalham em suas casas.

O tamanho da cozinha e a presença do quarto de empregada são sempre citados entre as reformas internas. Joanita Nascimento da Silva Neta (2017), moradora de um dos apartamentos do corpo central, mostra-se convencida da necessidade de integração entre a cozinha e a sala[72]. Assim, como afirma Elaine Kraide de Andrade:

> Eu reformei e aumentei [a cozinha] que era bem menor! No projeto original, o apartamento tinha uma área de serviço com um quarto de empregada que avançava até a metade da cozinha, formando um L. Então eu tirei esse quartinho[73].

Além disto, alguns moradores informam que adaptaram um dos quartos para estabelecer um escritório em casa – esta também uma reforma que responde a um modo de vida diverso daquele da época do projeto.

Uma das questões que permeia, inevitavelmente, as conversas com os habitantes dos dois edifícios é a relação com o Centro Novo. As falas de duas pessoas que vivem no Eiffel explicitam suas posturas em relação à escolha do bairro:

> O fato de eu estar morando no Centro, eu estou valorizando uma cidade que é para todo mundo, não é só para mim que estou pagando imposto, que pago IPTU e tenho que ficar afastada dessa gente. Com o valor que eu desembolsei para comprar esse apartamento, eu poderia muito bem comprar um apartamento de condomínio fechado com piscina, com lazer, com

[72] Joanita Nascimento da Silva Neta, entrevista concedida à Autora no apartamento 31 do Edifício Eiffel, São Paulo, 7.4.2017.

[73] Elaine Kraide de Andrade, entrevista concedida à Autora no apartamento 114 do Edifício Eiffel, São Paulo, 11.4.2017.

Apartamento de Joanita
Nascimento da Silva Neta
Foto: Autora (setembro/ 2017
e março/ 2018)

74 Joanita Nascimento da Silva Neta, entrevista concedida à Autora.

75 Leon Garcia, entrevista concedida à Autora em seu apartamento, em 26.03.2018.

academia, salão de beleza, quadra de tênis. [...] Mas para mim, filosoficamente e politicamente, isso é um ato de amor à cidade[74].

Tinha a coisa da galeria do térreo que eu acho simpática. Nessa época [de procura por um apartamento para comprar], eu já estava ganho pela ideia de morar aqui porque eu achei interessante aqui. Uma época que tinha algum projeto da cidade, de convívio das pessoas, que era o mais interessante. Começando a andar nos prédios, você sentia isso. Tem essas coisas base, tinha apartamentos supergrandes, apartamentos médios e apartamentos pequenos, tudo no mesmo prédio e as pessoas se entendem superbem[75].

A proximidade com a Praça da República também é lembrada pelos usuários dos dois edifícios. No caso do Eiffel, os moradores ressaltam a bela vista a partir da sala e dos dormitórios, além da possibilidade de desfrutar de uma área de desafogo na região central. No caso do Esther, a paisagem da cidade é tão marcante que ela aparece desde os primeiros croquis dos arquitetos. O verde da copa das árvores, o monumental prédio da Escola Caetano de Campos e as fachadas contínuas dos edifícios que cercam a praça são pontos de destaque da vista. Além disso, a implantação dos dois edifícios numa região tão bem servida de infraestrutura e transporte é um fator essencial para a escolha dos empreendimentos, fato este ressaltado na fala de praticamente todos os entrevistados.

Tudo aqui é muito fácil de ir. [...] Tanto é que as minhas amigas que não moram em São Paulo, quando vem. [...] Tem outras amigas que podem ficar. [...] "Não, queremos ficar na sua casa que é perto de tudo." Quem está sem carro tem facilidade para ir em qualquer lugar, então hoje eu não gostaria de me mudar do Centro[76].

A vontade que é botar um neon aí "venham para o Centro, porque ainda está muito ocioso. Tem muita unidade de vaga ainda e a facilidade de acesso, de infraestrutura, é absurda"[77].

Tanto o Esther quanto o Eiffel apresentam unidades habitacionais em bom estado de conservação. No entanto, os conjuntos estão com as áreas comuns comprometidas. Fachadas, coberturas e acessos precisam de obras de restauro e manutenção que garantam a integridade do bem. As falas dos moradores demonstram a percepção das questões de conservação. No entanto, essas questões aparecem de maneira mais clara no que se refere aos espaços de uso coletivo do que nos espaços domésticos. As trocas das esquadrias e o fechamento de alguns terraços não é compreendido como ações que possam comprometer a leitura dos bens protegidos.

As entrevistas com os proprietários dos apartamentos duplex tiveram como finalidade compreender as diferentes formas de habitar, ocupar e transformar o espaço decorrentes dos modos de morar propostos e dos concretizados, lançando luz às questões do cotidiano dos moradores em conjuntos habitacionais modernos.

[76] Elaine Kraide de Andrade, entrevista concedida à Autora, em 26.03.2018.

[77] Marcelo Brígido, entrevista concedida à Autora, em 26.03.2018.

Praça da República e edifício Esther a partir do Eifell.
Foto: Sabrina Costa (março, 2017).

CONSIDERAÇÕES FINAIS

A BUSCA por novos modos de morar foi uma ambição entre os arquitetos modernos. Nas propostas de casas, apartamentos e conjuntos habitacionais que marcaram a primeira metade do século XX, é perceptível a crença de que a partir de novos arranjos espaciais seria possível desenvolver novos hábitos e rotinas que garantiriam uma vida mais saudável e equilibrada para seus moradores.

O discurso de ter uma arquitetura voltada para um modo de vida moderno era difundido com frequência, sugerindo que as novas construções propiciariam o uso do tempo de maneira mais produtiva e eficiente, consequentemente possibilitando mais momentos de lazer e cuidados com o corpo — preocupações que estão na agenda dos profissionais que pensaram no crescimento das cidades durante os séculos XIX e XX.

Não se tratava apenas de construir habitações para os novos operários, para os que perderam suas casas nas guerras ou para a leva de imigrantes que chegava às metrópoles, mas sim fornecer habitações de qualidade, que incentivassem os trabalhadores a vivenciar novas práticas domésticas. Neste contexto, profissionais de diversos campos de atuação discutiram como propor novos arranjos habitacionais que assegurassem a saúde e a higiene das famílias, garantindo iluminação, insolação e ventilação, e que possibilitassem economia de tempo nas atividades domésticas, além de baixos custos de produção. As ideias e os debates circulavam entre os profissionais nos congressos, palestras, exposições e periódicos dos vários continentes. Entre essas ideias estava a do apartamento duplex, relacionado à racionalidade espacial, economia construtiva e transformação da vida doméstica.

No Brasil, ainda nas primeiras décadas do século xx, os edifícios construídos no contexto de modernização das cidades apresentavam as novas possibilidades de desenho e organização espacial, acomodando novos programas que se instauravam com o crescimento das atividades terciárias. O fortalecimento da indústria possibilitou aos arquitetos vinculados ao Movimento Moderno o uso de outras técnicas construtivas a partir de novos materiais como aço, concreto e vidro, que asseguravam boa iluminação, insolação e ventilação nos cômodos, alturas cada vez maiores dos edifícios e integração entre os espaços.

No entanto, ao analisar as plantas dos grandes edifícios de apartamentos brasileiros, percebe-se que o duplex possuiu um apelo menos ligado à funcionalidade ou à dinamização do ambiente doméstico, mas principalmente à questão da distinção socioeconômica. A presença de dormitórios de empregada, acessos social e de serviço separados, contradiz os princípios de emancipação individual das experiências europeias do entre guerras, mas também demandam um incremento de área que afeta até mesmo a leitura tipológica desses imóveis: em vez da compacidade das proporções que exigiriam uma coordenação funcional entre pavimentos, sobressai uma associação de sobrados empilhados.

Os modos de morar permaneciam tradicionais, como uma demonstração de que as famílias que optavam pela vida nos condomínios poderiam ser respeitadas. As amplas áreas sociais e de serviços coexistentes atestam que, mesmo com a modernidade exposta nas técnicas construtivas e no despojamento ornamental, qualquer grupo familiar poderia habitar os conjuntos.

Ainda sobre a proposta de habitação na arquitetura moderna, os capítulos buscam apontar como a ideia do morar em nível esteve associada à economia construtiva e como este discurso se perde nas experiências realizadas ao longo das décadas. Se a discussão da habitação mínima e a proposta do Tipo F soviético, realizadas nas primeiras décadas do século XX, tinham como fim economizar na construção de conjuntos habitacionais pela restrição às áreas de circulação e substituição daquelas destinadas ao serviço de cada família por equipamentos coletivos, com o passar dos anos, os empreendimentos habitacionais que se utilizaram da tipologia perderam essa consideração econômica. Pelos desenhos analisados, é possível perceber que as áreas se ampliaram e os corredores passaram a se repetir nos andares, segregando patrões e empregados, que, muitas vezes, habitam no mesmo endereço.

Assim, o discurso da economia e da funcionalidade apresentado em diversos cálculos, diagramas, projetos e textos das primeiras décadas do século XX se perdeu à medida que a tipologia ampliava seu programa em função de áreas maiores destinadas ao convívio social e aos serviços, em uma tentativa de atrair investidores interessados em edifícios com uma estética vinculada à arquitetura moderna, porém com uma organização espacial tradicional.

Além da transformação do desenho, é importante ainda discutir sobre a preservação dessas arquiteturas, seus valores e apropriações pelos moradores no cotidiano. Depois de décadas de construção, uso e consagração, diversas obras realizadas por arquitetos modernos brasileiros foram objetos de estudo e tombamento pelos órgãos de preservação municipal, estadual e federal.

Em São Paulo, no início da década de 1980, foram tombados os primeiros bens modernos: a Faculdade de Arquitetura e Urbanismo da USP, de Vilanova Artigas; o Museu de Arte de São Paulo (Masp), de Lina Bo Bardi; e a Casa da Rua Santa Cruz de Gregori Warchavchik[1].

1 Silvio Oksman, *Contradições na Preservação da Arquitetura Moderna*, Tese de Doutorado, Faculdade de Arquitetura e Urbanismo, Universidade de São Paulo, São Paulo, 2017.

Em março de 2018, o Conpresp tombou centenas de obras que estavam em estudo há décadas como representativas deste momento de modernização da cidade, dos arrojos tecnológicos, novos arranjos espaciais, entre outros. Este processo foi realizado cercado de tensões a respeito da decisão do Conselho que, semanas antes da votação sobre os bens modernos, decidiu pelo não tombamento da Vila, localizada nos Jardins, desenhada na década de 1930 pelo arquiteto Flávio de Carvalho, levando em consideração os pedidos e manifestações de seus proprietários e, também, pelo entendimento de que o conjunto estava bastante descaracterizado.

A reivindicação dos moradores da Vila de Flávio de Carvalho revela uma questão séria que precisa ser discutida e profundamente analisada quando se trata da relação entre usuários e bens protegidos. Como é possível habitar um edifício projetado e construído em um outro momento da história e que muitas vezes não atende às práticas domésticas contemporâneas? O tombamento de uma residência refere-se à sua materialidade ou às práticas realizadas e propostas? Como garantir a conservação do imóvel tombado e garantir o conforto e segurança de seus moradores? As questões lançam desafios ao tema do tombamento de imóveis habitacionais e da relação entre órgãos de preservação e de usuários dos bens protegidos. Como afirma Graciela de Garay:

> Os usuários, com todas as suas experiências de vida e senso comum, nunca são mencionados nas

páginas eruditas da história da arte e, se forem incluídos, suas referências servem, na maioria dos casos, para ilustrar problemas sociais que o acadêmico indica, seja para demonstrar as deficiências intrínsecas do projeto ou a incapacidade de seus habitantes de usar e cuidar da arquitetura[2].

Nos capítulos 2 e 3 foram analisados, de maneira mais profunda, três edifícios paulistanos a partir de visitas a dezenas de apartamentos e entrevistas com seus moradores, buscando compreender suas impressões, expectativas, interesses e práticas cotidianas. Assim, a coleta de relatos sobre a vida nos apartamentos duplex, com os aportes metodológicos da história oral, buscou investigar o perfil dos moradores e sua relação com os espaços modernos propostos e habitados, comparando suas práticas com os discursos defendidos por seus promotores. As entrevistas demonstraram que, mesmo diante do desafio de morar em um edifício tombado, os moradores revelam um certo orgulho desses espaços, apresentando informações sobre o contexto de construção dos conjuntos e as autorias dos projetos.

Buscou-se ainda comparar as diferentes formas de ocupação dos apartamentos e as transformações dos espaços decorrentes dos padrões contemporâneos de domesticidade. No caso do Eiffel, o *hall* de entrada foi ampliado pela demolição de uma parede que dividia a entrada, a sala e a escada; os acabamentos originais — granilite, cerâmica preta e pastilhas — foram trocados por outros materiais; o quarto de empregada foi demolido e, em

---

2 Graciela de Garay (coord.), *Rumores y Retratos de un Lugar de la Modernidad*, p. 9. Tradução da autora.

muitos casos, integrado à cozinha, provavelmente porque não são mais tão comuns funcionários que dormem na casa de empregadores; os dois grandes quartos nos apartamentos da tipologia B foram transformados em três de tamanho médio; e o armário embaixo da escada mudou de função em vários apartamentos, transformando-se em banheiro, *closet* ou em mais espaço para o quarto.

No Edifício Esther, além da mudança de uso — um apartamento convertido em escritório de contabilidade e outro em residência artística — era comum o fechamento com uma laje do pé-direito duplo da sala de jantar e a abertura da cozinha para a sala. Neste edifício, o estado de conservação do conjunto constitui um problema mais grave do que o das unidades habitacionais.

No Edifício Japurá, o aspecto mais comum entre os apartamentos visitados está concentrado no pavimento inferior, que corresponde à demolição da parede entre sala e cozinha e criação de uma pequena área de serviço. A grande maioria dos moradores manteve o mezanino, espaço indicado pelo arquiteto para servir de área de costura para as mulheres, que hoje funciona como espaço de armazenamento da casa. As entrevistas revelaram que os equipamentos de uso coletivo apresentados nos desenhos do arquiteto nunca foram efetivamente construídos, fato que contribuiu para que as atividades de lavagem e secagem de roupas, assim como as atividades de lazer e sociabilidade dos condôminos, ficassem comprometidas, enquanto que os espaços do apartamento tiveram que atender a essas demandas, mesmo sem ser previamente planejadas.

Quando os soviéticos lançaram a ideia do apartamento duplex mínimo e o Tipo F, relacionados com a coletivização das atividades domésticas, propunham libertar, ou pelo menos aliviar, o fardo dessas obrigações. Como explica Wendy Goldman:

> [...] ao contrário das feministas modernas, que defendem a redistribuição das tarefas domésticas *dentro da família*, aumentando a porção do homem nas responsabilidades domésticas, os teóricos bolcheviques buscavam transferir o trabalho doméstico para a esfera pública[3].

3 Wendy Goldman, *Mulher, Estado e Revolução: Política Familiar e Vida Social Soviéticas, 1917-1936*, p. 24.

Essa proposta, também defendida por diversos outros profissionais do século xx, não teve êxito fora do contexto soviético. A cozinha é um dos focos dessas pesquisas sobre a modernização do lar. Foram propostos novos desenhos, em alguns casos elas foram suprimidas, sugerindo novas práticas que permitiriam às mulheres modernas ficarem menos sobrecarregadas com essas atividades.

No Brasil, habitar um espaço moderno não significava necessariamente realizar práticas inovadoras. Em vários conjuntos habitacionais modernos, a organização espacial era racional e funcional, utilizava-se da tecnologia do concreto armado para propor novos arranjos, no entanto seus usuários ainda eram vistos de maneira tradicional: mulheres responsáveis pelas atividades domésticas e pelos cuidados com os filhos, enquanto aos homens cabia o sustento financeiro.

As novidades e transformações da vida doméstica restringem-se aos modelos construtivos e aparatos tecnológicos, deixando a mulher ainda com poucas mudanças em relação às rotinas domésticas e as obrigações familiares. A mesma *mulher moderna* que se interessa pelos lançamentos do cinema, por passear nas galerias ou por buscar emprego nos novos edifícios modernos é frequentemente informada nos artigos, crônicas e anúncios dos periódicos que, mesmo com a liberdade de circular no espaço público, deve focar suas atenções para os cuidados do lar. Neste ambiente estaria sua segurança e sua realização, para exercer sua verdadeira vocação: a de dona de casa.

Uma conclusão inicial aponta que, mesmo vivendo em espaços modernos, a vida íntima das mulheres nestes edifícios modernos pouco contrastava com a da geração anterior, uma vez que contavam com empregadas para ajudar, os eletrodomésticos não eram tão acessíveis para colaborar no cotidiano e os periódicos da época afirmavam o papel central das mulheres na organização da vida familiar e das atividades domésticas.

Este comportamento conservador tão diverso das outras metrópoles aqui comparadas — a exemplo de Moscou ou de Nova York — tem relação direta com a cultura machista ainda existente no Brasil e com a tradição escravocrata que possibilitou a presença de pessoas de baixa renda trabalhando nas residências com salários baixos e sem direitos trabalhistas legais. Situação essa que reflete como o trabalho doméstico foi desvalorizado.

Somente em 2015 foi aprovada uma lei complementar que regulamentou o trabalho das empregadas domésticas e garantiu direitos comuns aos outros trabalhadores. Além disto, a partir dos anos 1960, o avanço da indústria de eletrodomésticos, alimentos, entre outros, trouxe facilidades e possibilitou uma outra relação entre as mulheres e seus lares, sobretudo nas famílias de classe média. No entanto, especialmente nas classes mais baixas, a vida ainda exige uma dinâmica com as atividades e turnos que sacrificam momentos de lazer e cuidados com a saúde em nome de longas jornadas de trabalho para o sustento da família e cuidado dos filhos.

Ao trabalhar temas como arquitetura moderna, domesticidade e memória, este livro aponta as contradições entre o discurso e a prática dos profissionais relacionados à habitação e lança luz sobre a presença feminina no espaço doméstico e urbano das metrópoles.

POSFÁCIO

EM TORNO DO LIVRO **MODOS DE MORAR NOS APARTAMENTOS DUPLEX**

A ARQUITETA Sabrina Studart Fontenele Costa tem oferecido importantes contribuições para a análise de espaços, variando e articulando escalas e temas — arquitetura, urbanismo, preservação — tanto em suas pesquisas, quanto nas suas demais atividades profissionais.

O apuramento de seu olhar vem sendo construído desde a graduação na Universidade Federal do Ceará, com propostas para os antigos galpões da RFFSA, em trabalho orientando por Romeu Duarte Júnior. Esse processo teve continuidade no mestrado, na FAU-USP, com orientação de Maria Lucia Bressan Pinheiro, que enfocou questões de patrimônio na escala urbana, a partir de intervenções na cidade existente, centrando a análise na praia de Iracema em Fortaleza. O raciocínio foi voltado,

1 Sabrina Studart Fontenele Costa, *Edifícios Modernos e o Traçado Urbano no Centro de São Paulo (1938-1960)*, São Paulo, FAPESP-Annablume, 2015.

na pesquisa de doutorado, orientada por Regina Meyer também na FAU-USP, para o papel de edifícios modernos na estruturação do centro de São Paulo, depois publicada em livro[1].

A partir de sua incessante curiosidade intelectual, Sabrina Fontenele Costa desdobra o olhar para a questão do morar, elegendo, para aprofundar a discussão, os apartamentos duplex em edifícios modernos em São Paulo, tema de seu pós-doutorado desenvolvido no IFICH-Unicamp, com supervisão de Silvana Rubino, pesquisa que é a origem deste livro. Tendo por base a arquitetura, a autora dirige seu foco para a moradia e a domesticidade, entrelaçadas com questões de gênero e memória, explorando fontes e referências vindas de outros campos, abrindo-se ainda mais para o diálogo com outras disciplinas. Não por acaso escolheu o IFICH--Unicamp para seu pós-doutorado, o que possibilitou aprofundar o estudo referências de outras disciplinas e explorar suas bases metodológicas, sem jamais renunciar à arquitetura.

A articulação entre disciplinas — de modo multi, inter ou transdisciplinar — é preconizada em diversas áreas do conhecimento, e aquelas que se ocupam da arquitetura e do urbanismo não são exceção, sendo recorrente a percepção de se tratar de temas que envolvem necessariamente diversos saberes. No entanto, os verdadeiros estudos multi e interdisciplinares não aparecem com a frequência desejada na produção científica; o que se vê com mais regularidade é uma monodisciplinaridade sucessiva e sem articulação. Claro que existem diversas e louváveis exceções, com trabalhos de grande interesse que, ao realizar experimentações metodológicas a partir de um mesmo objeto de estudo, propõem abordagens distintas que se complementam e se articulam, com possibilidade de enriquecimento recíproco em função de objetivos comuns.

A busca da integração entre os saberes pode ser feita de maneiras diversas e isso é premente em tempos em que as disciplinas tendem à especialização exacerbada, com rumos cada vez mais autônomos, algo que vem ocorrendo há algumas décadas. O diálogo entre competências tem se tornado mais complexo, a começar pelo próprio vocabulário que se especializa e o significado que dada palavra assume num campo muitas vezes é bastante diverso daquele que a mesma palavra tem noutro campo próximo, além de variar entre ambientes culturais. Há necessidade, por isso, de dedicar tempo para entender os alicerces epistemológicos de outros campos e conceitos associados a determinadas palavras, para poder estabelecer uma base comum de diálogo que favoreça o intercâmbio. Isso exige tempo para que cada profissional estude as motivações, referenciais e métodos de outros campos. O profissional não deve mudar o próprio lugar de interlocução — ou seja, um arquiteto não precisa fazer as vezes de um antropólogo, que por sua vez atuaria como geógrafo etc. —, mas buscar bases para estabelecer o diálogo, o que demanda tempo de estudos individuais associados a discussões coletivas. Infelizmente, na realidade atual da produção acadêmica, que é medida a partir de parâmetros quantitativos e em que os supostos parâmetros qualitativos por vezes são derivados de métricas que não dizem respeito à qualidade, esse tempo de amadurecimento pode ser mal compreendido, tanto na produção de um pesquisador quanto na de uma equipe, problema que se estende também aos financiamentos para pesquisas. O percurso de Sabrina Fontenele Costa é um antídoto contra o isolamento disciplinar, pois incessantemente busca estender o olhar e lançar pontes para o diálogo e, ao mesmo tempo, mostra a pertinência e o papel das diversas disciplinas envolvidas, com suas respectivas bases epistemológicas.

Exemplo notável de atuação nesse sentido é o de Salvatore Settis, que reflete há tempos sobre questões metodológicas e procura vencer barreiras entre as disciplinas. Com sua formação em arqueologia e história da arte, desenvolveu percurso profissional e intelectual de grande envergadura. A partir de suas bases e da interlocução com profissionais de áreas como o direito e a sociologia, tem lançado luzes relevantes sobre temas como gestão e legislação relacionadas à proteção dos bens culturais e da paisagem, e sobre a arquitetura, em suas interfaces com a cidade e a paisagem, além de suas inter-relações com o direito civil, o todo mobilizado em prol do bem comum[2]. Settis explicita a necessidade de articular disciplinas ao trabalhar com a paisagem, que deve ser enfrentada do ponto de vista ambiental, estético, histórico-artístico, jurídico, antropológico etc. Lembra que nenhum profissional, nem categoria profissional isoladamente,

2 Cf., por exemplo: Salvatore Settis, *Paesaggio Costituzione Cemento*, Torino, Einaudi, 2010; Salvatore Settis, *Architettura e Democrazia*, Torino, Einaudi, 2017.

tem todas as competências necessárias para enfrentar o tema, que deve receber visadas distintas, mas convergentes. Cada disciplina, porém, acabou por conformar um próprio campo cognitivo, em função de interesses específicos, e por isso muitas vezes ficou entrincheirada em si mesma, como uma fortaleza que busca ser autossuficiente. Por outro lado quem percebe os limites desse tipo de aproximação, acaba trilhando o caminho da sucessão de discursos disciplinares estanques — à voz do agrônomo, sucede-se a do arqueólogo, do jurista etc. — compondo um "dissonante coro com vozes díspares"[3]. Sua proposta é construir outra via: partindo da própria competência disciplinar, estender experimentalmente o olhar a outras abordagens, a outras linguagens e disciplinas, buscando uma visão mais geral.

Existem especificidades nos distintos olhares disciplinares (algo enfatizado pelo próprio Settis) sobre o espaço: o olhar do arquiteto é diverso daquele do historiador, por sua vez distinto do antropólogo, do sociólogo e assim por diante. Isso não significa que um seja melhor do que o outro, mas são diferentes; existem sobreposições, mas também divergências e tensões. Uma visão não exclui a outra, mas cada qual traz facetas dos respectivos campos, uma agudeza específica que só tem a ganhar se for articulada com a de outras disciplinas. Sabrina Fontenele Costa amplia sua visão a outros métodos, outras aproximações, sem renegar o olhar de arquiteta ao enfrentar o espaço, e, no caso deste livro, o espaço doméstico; por isso oferece

3 Salvatore Settis, *Architettura e Democrazia, op. cit.*, p. 4.

contribuições tão relevantes, tanto sobre o tema específico, quanto por lançar pontes para o diálogo.

A partir de uma análise alargada das discussões sobre a habitação mínima e o surgimento dos duplex, ela analisa a consolidação dessa tipologia nos grandes conjuntos habitacionais e como esse tema chega ao Brasil, para depois se deter nas questões — e contradições — do morar em edifícios modernos com apartamentos duplex no centro de São Paulo. Mobiliza referências vastas e fontes diversas em diversos arquivos e acervos, fazendo também uso preciso de entrevistas. Há de se destacar não apenas a qualidade das análises mas também a generosidade do aparato de figuras, com destaque para plantas e cortes interpretativos, com desenhos elaborados pela autora juntamente com Gabriela Piccinini. Essas elaborações, próprias à arquitetura, foram trabalhadas para serem compreendidas não apenas por arquitetos e engenheiros de ofício, mas pelo público em geral, com informações e modos de análise recorrente, fazendo uso de cores, que facilitam muito a apreensão, informando e reafirmando as ideias presentes no excelente texto.

Texto que explora as nuanças do espaço doméstico, das formas do morar, do habitar, que por etimologia vem do prefixo latino *hab*, relacionado ao ter, e nesse caso também da ação que se repete de modo reiterado, o frequentar, demorar-se, o lugar do morar — também do latim *morare*, delongar-se, permanecer, residir. Claro que ao enfrentar esse espaço específico do morar, a autora não se propõe a explorar todas as implicações espaciais do construir e do habitar de Heidegger, que extrapola o pensamento para o modo como os mortais são e estão sobre a terra[4]; mas, ao olhar para o espaço arquitetônico específico, Sabrina Fontenele Costa oferece contribuições de grande interesse para essa reflexão ontológica.

A autora analisa as questões da moradia-habitação a partir do ponto de vista da arquitetura, que não é reduzida apenas à forma, mas é enriquecida com as questões do habitar entrelaçadas com as de gênero, de distinções de classe — temas que vêm ganhando crescente relevo — e de memória. Nesse sentido, sua análise da arquitetura se aproxima daquilo que Settis preconiza para o fazer arquitetônico, em que "a arquitetura não deve ser feita nem vivida somente sob a sombra dos princípios *estéticos*, mas iluminada por uma forte preocupação ética e orientada ao bem comum"[5]. É essa preocupação ética que guia as aproximações de Sabrina Fontenele Costa a seus temas de trabalho, não apenas neste livro, mas ao longo de toda sua carreira.

4 Martin Heidegger, "Construir, Habitar, Pensar". Tradução: Marcia Sá Cavalcante Schuback, a partir de "Bauen, Wohnen, Denken" (1951) conferência feita na "Segunda Reunião de Darmstadt". Publicada em: Martin Heidegger, *Vorträge und Aufsätze*, Pfullingen, Günther Neske, 1954, pp. 145-165. Disponível em: https://bit.ly/2HCg76T. Acesso: 25 Nov. 2020.

Há também a tradução de Victor Hugo de Oliveira Marques. Martin Heidegger, "Construir, Habitar, Pensar", *Multimemas*, 2018, v. 23, n. 53. Disponível em: https://bit.ly/37o4utd. Acesso: 25 Nov. 2020.

5 Salvatore Settis, *Architettura e Democrazia*, *op. cit.*, p. 58.

Beatriz Mugayar Kühl

Professora titular da Faculdade de Arquitetura e Urbanismo da Universidade de São Paulo (FAUUSP). É arquiteta formada pela FAUUSP (1987), com especialização e mestrado em preservação de bens culturais pela Katholieke Universiteit Leuven (1989-1992), Bélgica, doutorado pela FAUUSP (1996) e pós-doutorado pela Sapienza Università di Roma (2001; 2005). Dedica-se a disciplinas de história da arquitetura e de preservação, tanto na graduação quanto na pós-graduação. Tem vários livros e artigos publicados e é responsável pela tradução e publicação de textos sobre preservação na coleção Artes & Ofícios da Ateliê Editorial.

REFERÊNCIAS BIBLIOGRÁFICAS

ANELLI, Renato. *Rino Levi: Arquitetura e Cidade*. São Paulo, Romano Guerra Editora, 2001.

ANGUIANO, Guillermo Plazola. *50 Años de Arquitectura Mexicana, 1948-1998*. Ciudad de México, Plazola Editores, 1999.

"ANNITA Malfatti". *O Estado de S. Paulo*, 17.11.1945, p. 4.

ARGAN, Giulio Carlo. *Arte Moderna: Do Iluminismo aos Movimentos Contemporâneos*. São Paulo, Companhia das Letras, 1992.

"AS EMPREGADAS Desaparecem". *O Estado de S. Paulo*, 30.1.1953, p. 6.

ATIQUE, Fernando. *Memória Moderna: A Trajetória do Edifício Esther*. São Carlos, RiMa, 2013.

AYMONINO, Carlo. *La Vivienda Racional: Ponencias de los Congresos CIAM, 1929-1930*. Barcelona, Gustavo Gili, 1973.

BARBARA, Fernanda. *Duas Tipologias Habitacionais: O Conjunto Ana Rosa e o Edifício Copan. Contexto e Análise de Dois Projetos Realizados em São Paulo na Década de 1950.* Dissertação de Mestrado, Faculdade de Arquitetura e Urbanismo, Universidade de São Paulo, São Paulo, 2004.

BENJAMIN, Walter. *Passagens.* Belo Horizonte/São Paulo, Editora UFMG/Imprensa Oficial, 2009.

BENTON, Tim. *The Modernist House.* London, V&A Publications, 2006.

BERGDOLL, Barry; COMAS, Carlos Eduardo; LIERNUR, Jorge Francisco & DEL REAL, Patricio (orgs.). *Latin America in Construction: Architecture 1955-1980.* New York, Museum of Modern Art, 2015.

BLAY, Eva Alterman & LANG, Alice Beatriz da Silva Gordo. *Mulheres na USP: Horizontes que se Abrem.* São Paulo, Humanitas, 2004.

BLIZNAKOV, Milka. "Soviet Housing During the Experimental Years, 1918 to 1933". In: BRUMFIELD, William Craft & RUBLE, Blair A. (orgs.). *Russian Housing in the Modern Age. Desing and Social History.* Cambridge, Cambridge University Press, 1993.

BOESIGER, Willy. *Le Corbusier: 1910-65.* Barcelona, Gili, 1971.

BONDUKI, Nabil & KOURY, Ana Paula (orgs.). *Os Pioneiros da Habitação Social no Brasil.* São Paulo, Editora Unesp/Edições Sesc São Paulo, 2014, vols. I e III.

___. & SILVA, Elaine Pereira. "Conjunto Residencial Japurá: Uma Unidade de Habitação no Centro da Cidade". In: BONDUKI, Nabil & KOURY, Ana Paula (orgs.). *Os Pioneiros da Habitação Social no Brasil.* São Paulo, Editora Unesp/Edições Sesc São Paulo, 2014, vol. III, pp. 136-157.

BOTAS, Nilce Aravecchia. *Estado, Arquitetura e Desenvolvimento. A Ação Habitacional do Iapi.* São Paulo, Editora Unifesp, 2016.

BOURDIEU, Pierre. *A Distinção. Crítica Social do Julgamento.* São Paulo, Edusp/Zouk, 2007.

BRANCO, Tatiana Franco. *Arquitecturas do Habitar Colectivo Flexibilidade, Transformabilidade e Adaptabilidade no Bairro de Alvalade.* Dissertação de Mestrado, Instituto Superior Técnico da Universidade de Lisboa, Lisboa, 2011. Disponível em: https://fenix.tecnico.ulisboa.pt/cursos/ma/dissertacao/2353642346653. Acesso em 10.5.2019.

"BRASTEMP Super Luxo". *O Estado de S. Paulo*, 5.10.1954, p. 7.

BRITTO, Alfredo (org.). *Pedregulho: O Sonho Pioneiro da Habitação Popular no Brasil.* Rio de Janeiro, Edições Rio de Janeiro, 2015.

BRUNA, Paulo Júlio Valentino. *Os Primeiros Arquitetos Modernos: Habitação Social no Brasil.* São Paulo, Edusp, 2015.

BULLOCK, Nicholas. *Building the Post-War World. Modern Architecture and Reconstruction in Britain.* London, Routledge, 2002.

"CAPITU" [Crônica]. *O Estado de S. Paulo*, 26.4.1946. Página Feminina, p. 4.

"CAPITU" [Crônica]. *O Estado de S. Paulo*, 15.12.1950, p. 5.

CARVALHO, Claudia Suely Rodrigues de. *Preservação da Arquitetura Moderna: Edifícios de Escritórios no Rio de Janeiro Construídos entre 1930-1960.* Tese de Doutorado, Faculdade de Arquitetura e Urbanismo, Universidade de São Paulo, São Paulo, 2006.

CARVALHO, Vânia Carneiro de. *Gênero e Artefato: O Sistema Doméstico na Perspectiva da Cultura Material – São Paulo, 1870-1920*. São Paulo, Edusp/ Fapesp, 2008.

COELHO, Carla Maria Teixeira. *Conjunto Residencial Parque Guinle e a Preservação de Edifícios Residenciais Modernos*. Dissertação de Mestrado, Faculdade de Arquitetura e Urbanismo, Universidade Federal do Rio de Janeiro, Rio de Janeiro, 2006.

COHEN, Jean-Louis. *O Futuro da Arquitetura desde 1889. Uma História Mundial*. São Paulo, Cosac Naify, 2013.

_____. *Le Corbusier, 1887-1965. Lirismo da Arquitectura da Era da Máquina*. Lisboa, Taschen, 2005.

_____. & BENTON, Tim. *Le Corbusier le Grand*. London, Phaidon, 2008.

COLOMINA, Beatriz. "Collaborations: The Private Life of Modern Architecture". *Journal of the Society of Architectural Historians*, vol. 58, n. 3, pp. 462-471, 1999. Disponível em: www.jstor.org/stable/991540. Acesso em 6.2.2019.

_____. *Domesticity at War*. Cambridge, The MIT Press, 2007.

_____. "Le Corbusier and Photography". *Assemblage*, n. 4, pp. 7-23, out. 1987. Disponível em: www.jstor. org/stable/3171032. Acesso em 10.2.2019.

_____. *Privacy and Publicity: Modern Architecture as Mass Media*. Cambridge, The MIT Press, 1994.

_____. "The Split Wall: Domestic Voyeurism". *In:* COLOMINA, Beatriz (ed.). *Sexuality and Space*. New York, Princeton Architectural Press, 1992, pp. 73-130.

CONDEPHAAT – Conselho de Defesa do Patrimônio Histórico, Arqueológico, Artístico e Turístico do Estado de São Paulo. *Processo 23262/85*. São Paulo, Estado de São Paulo, 1985.

COSTA, Lúcio. "Parque Guinle. Anos 40". *Registros de uma Vivência*. São Paulo, Empresa das Artes, 1995.

COSTA, Sabrina Studart Fontenele. *Edifícios Modernos e Traçado Urbano no Centro de São Paulo*. São Paulo, Annablume, 2015.

"CURSO de Decoração". *O Estado de S. Paulo*, 21.3.1958, p. 37.

"CURSOS da 'Lareira' ". *O Estado de S. Paulo*, 28.2.1958. Suplemento Feminino, p. 42.

CURTIS, William. *Arquitetura Moderna desde 1900*. Porto Alegre, Bookman, 2008.

DAVI, Laura Mardini. *Alison e Peter Smithson: Uma Arquitetura da Realidade*. Dissertação de Mestrado, Faculdade de Arquitetura e Urbanismo, Universidade Federal do Rio Grande do Sul, Porto Alegre, 2009. Disponível em: http://www.dominiopublico.gov.br/pesquisa/DetalheObraForm.do?select_action=&co_obra=165980. Acesso em 17.2.2019.

DAVIS, Angela. *Mulheres, Raça e Classe*. São Paulo, Boitempo, 2016.

DIAS, Maria Odila Leite da Silva. "Mulheres sem História". *Revista de História*, pp. 31-45, 1983. Faculdade de Filosofia, Letras e Ciências Humanas da Universidade de São Paulo, n. 114.

ELEB, Monique. "Conforto, Bem-Estar e Cultura Material na França". *In*: NASCIMENTO, Flávia Brito do; CARVALHO E SILVA, Joana Mello de; LIRA, José Tavares Correia de & RUBINO, Silvana Barbosa (orgs.). *Domesticidade, Gênero e Cultura Material*. São Paulo, Edusp/CPC, 2017 (Estudos CPC, 5).

___. "Lugares, Gestos e Palavras do Conforto em Casa". *V!RUS*, n. 5, jun. 2011. São Carlos.

Disponível em: http://www.nomads.usp.br/virus/ virus05/?sec=3&item=1&lang=pt. Acesso em: 6.2.2018.

___. & DEBARRE, Anne. *L'Invention de l'Habitation Moderne*. Paris 1880-1914. Paris, Hazan, 1995.

ESCOREL, Ana Luisa. "A Menina e a Mãe Dela". *Revista Piauí*, n. 40, pp. 42-45, jan. 2010.

FERNANDEZ, Sérgio. *Percurso: Arquitectura Portuguesa, 1930-1974*. Porto, Faculdade de Arquitectura da Universidade do Porto, 1988.

FRIEDMAN, Alice T. *Women and the Making of the Modern House: A Social and Architectural History*. New Haven, Yale University Press, 2006.

GARAY, Graciela de (coord.). *Rumores y Retratos de un Lugar de la Modernidad: Historia Oral del Multifamiliar Miguel Alemán 1949-1999*. México, Instituto Mora/ UNAM/Facultad de Arquitectura, 2002.

GILMAN, Charlotte Perkins. *The Home: Its Work and Influence*. Chicago, University of Illinois Press, 1972.

___. *O Papel de Parede Amarelo*. Rio de Janeiro, José Olympio, 2018.

GOLDMAN, Wendy Z. *Mulher, Estado e Revolução: Política Familiar e Vida Social Soviéticas, 1917-1936*. São Paulo, Boitempo/Iskra Edições, 2014.

GOODWIN, Philip L. *Brazil Builds: Architecture New and Old 1652 - 1942*. New York, MOMA, 1943.

GORELIK, Adián. *Das Vanguardas à Brasília: Cultura Urbana e Arquitetura na América Latina*. Belo Horizonte, Editora UFMG, 2005.

"GRANFINOS em São Paulo: Colar da Princeza". *Diretrizes: Política, Economia e Cultura*, n. 178, pp. 25-26, 25.11.1943.

HAYDEN, Dolores. *The Grand Domestic Revolution.* London/Cambridge, The MIT Press, 1981.

HENDERSON, Susan R. *Building Culture: Ernest May and the New Frankfurt Initiative, 1926- 1931.* New York, Peter Lang Publishing, 2013.

HEUVEL, Dirk van der & RISSELADA, Max. *Alison and Peter Smithson: From the House of the Future to a House of Today.* Rotterdam, 010 Publishers, 2004.

HEYNEN, Hilde. "Modernity and Domesticity. Tensions and Contradictions". *In:* HEYNEN, Hilde & BAYDAR, Gulsum (orgs.). *Negotiating Domesticity. Spatial Productions of Gender in Modern Architecture.* New York, Routledge, 2005, pp. 1-28.

KHAN-MAHOMEDOV, S. O. M. Ya. "Ginzburg 1892- 1946". *In:* SHVIDKOVSKIĬ, Oleg Aleksandrovich (org.). *Building in the USSR (1917-1932).* New York, Praeger, 1971.

KNEESE DE MELLO, Eduardo. "Apartamentos para Industriários. IAPI Delegacia de São Paulo. Rua Japurá – São Paulo". *Acrópole*, n. 119, pp. 281-287, 1948.

_____. *Projeto de um Prédio de Apartamentos à Rua Japurá.* São Paulo, IAP, [s.d].

KOPP, Anatole. *Arquitectura y Urbanimo Soviéticos de los Años Veinte.* Barcelona, Editorial Lumen, 1974.

_____. *Constructivist Architecture in the USSR.* London, Academy Editions, 1985.

LEAL, Daniela Viana. *Oscar Niemeyer e o Mercado Imobiliário de São Paulo na Década de 1950: O Escritório Satélite sob a Direção do Arquiteto Carlos Lemos e os Edifícios Encomendados pelo Banco Nacional Imobiliário.* Dissertação de Mestrado, Instituto de Filosofia e Ciências Humanas, Universidade de Campinas, Campinas, 2003.

Disponível em: http://repositorio.unicamp. br/jspui/handle/REPOSIP/281538 Acesso em 20.11.2018.

LE CORBUSIER. *Precisões sobre um Estado Presente da Arquitetura e do Urbanismo.* São Paulo, Cosac Naify, 2004.

_____. *Almanach d'Architecture Moderne.* Paris, Éditions Crès, 1925 (Collection de l'Esprit Noveau).

LEFÈVRE, José Eduardo de Assis. *De Beco a Avenida: A História da Rua São Luiz.* São Paulo, Edusp, 2006.

LE GOFF, Olivier. *L'Invention du Confort. Naissance d'une Forme Sociale.* Lyon, Press Universitaire de Lyon, 1994.

LEMOS, Carlos Alberto Cerqueira. *Cozinhas, etc.* São Paulo, Perspectiva, 1976.

LIRA, José Correia Tavares. *Warchavchik: Fraturas da Vanguarda.* São Paulo, Cosac Naify, 2011.

MALUF, Marina & MOTT, Maria Lúcia. "Recônditos do Mundo Feminino". *In*: SEVCENKO, Nicolau (org.). *História da Vida Privada no Brasil.* São Paulo, Companhia das Letras, 1998, vol. 3: *Da Belle Époque à Era do Rádio*, pp. 367-421.

MARINS, Paulo César Garcez. "O Parque do Ibirapuera e a Construção da Identidade Paulista". *Anais do Museu Paulista*, vol. 6/7, pp. 9-36, 2003. Disponível em: http://www.revistas.usp.br/anaismp/article/view/5359 Acesso em 20.11.2018.

_____. "Habitação e Vizinhança: Limites de Privacidade no Surgimento das Metrópoles Brasileiras". *In*: SEVCENKO, Nicolau (org.). *História da Vida Privada no Brasil.* São Paulo, Companhia das Letras, 1998, vol. 3: *Da Belle Époque à Era do Rádio*, pp. 131-214.

MARTINS, Rafaela Cristina. "A Divisão Funcional do Espaço Doméstico por Gênero: Um Olhar Através da Imagem da Mulher na Propaganda de Eletrodomésticos". *Temporalidades – Revista Discente do Programa de Pós-Graduação em História da UFMG*, vol. 7, n. 3, pp. 177-197, 2016. Disponível em: https://periodicos.ufmg.br/index.php/temporalidades/article/view/5651 Acesso em 2.12.2018.

MIDLIN, Henrique E. *Arquitetura Moderna no Brasil*. Rio de Janeiro, Aeroplano/IPHAN, 2000.

MIGUEL, Raquel de Barros & RIAL, Carmen. "Programa de Mulher". *In*: PINSKY, Carla Bassanezi & PEDRO, Joana Maria (orgs.). *Nova História das Mulheres no Brasil*. São Paulo, Contexto, 2016, pp. 148-167.

MUMFORD, Eric Paul. *The CIAM Discourse on Urbanism, 1928-1960*. Cambridge, The MIT Press, 2000.

NASCIMENTO, Flávia Brito do. *Blocos de Memórias: Habitação Social, Arquitetura Moderna e Patrimônio Cultural*. São Paulo, Edusp, 2017.

___. & BOTAS, Nilce Aravecchia. "Penha: De um Projeto Autoral a uma Proposta Funcional da Equipe do IAPI". *In*: BONDUKI, Nabil & KOURY, Ana Paula. *Os Pioneiros da Habitação Social no Brasil*. São Paulo, Editora Unesp/Edições Sesc São Paulo, 2014, vol. 3, pp. 196-217.

NAVAILH, Françoise. "O Modelo Soviético". *In*: PERROT, Michelle & DUBY, Georges. *História das Mulheres no Ocidente*. Porto, Edições Afrontamento, 1995, pp. 279-307.

"NOVA Galeria Abre Dia 15". *O Estado de S. Paulo*, 11.5.1967, p. 9.

"O CLÍMAX Residencial de São Paulo: Edifício Eiffel". *Folha da Manhã*, 23.3.1952. Vida Social e Doméstica, p. 4.

OKSMAN, Silvio. *Contradições na Preservação da Arquitetura Moderna*. Tese de Doutorado, Faculdade de Arquitetura e Urbanismo, Universidade de São Paulo, São Paulo, 2017.

PARRACHO NETO, Inês Sofia. *Reabilitação Arquitetônica e Renovação Urbana. O Caso do Bairro das Estacas em Lisboa*. Dissertação de Mestrado, Instituto Superior Técnico de Lisboa, Lisboa, 2015.

"PERFUME Centenário". *O Estado de S. Paulo*, 25.1.1954, edição do IV Centenário, p. 15.

PERROT, Michelle. *Minha História das Mulheres*. São Paulo, Contexto, 2006.

PETRONE, Pasquale. "A Cidade de São Paulo no Século XX". *In*: SILVA, Raul de Andrade (org.). *A Evolução Urbana de São Paulo*. São Paulo, [s. ed.], 1955.

PINHEIRO, Maria Lúcia Bressan. *Modernizada ou Moderna? A Arquitetura em São Paulo, 1938-45*. Tese de Doutorado, Faculdade de Arquitetura e Urbanismo, Universidade de São Paulo, São Paulo, 1997.

PINSKY, Carla Bassanezi. "A Era dos Modelos Rígidos". *In*: PINSKY, Carla Bassanezi & PEDRO, Joana Maria (orgs.). *Nova História das Mulheres no Brasil*. São Paulo, Contexto, 2016, pp. 469-512.

_____. "Mulheres dos Anos Dourados". *In*: PRIORE, Mary del (org.). *História das Mulheres no Brasil*. São Paulo, Contexto, 2013, pp. 607-639.

PRUDON, Theodore H. M. *Preservation of Modern Architecture*. New Jersey, John Wiley & Sons, 2008.

RAGO, Margareth. "A Invenção do Cotidiano na Metrópole: Sociabilidade e Lazer em São Paulo".

In: PORTA, Paula (org.). *História da Cidade de São Paulo*. São Paulo, Paz e Terra, 2004, vol. 3: *A Cidade na Primeira Metade do Século* XX *(1890-1954)*.

RANN, Jamie. "Narkomfin: Can a Utopian Housing Project Survive in Modern Moscow?" *The Calvert Journal*, abr. 2014. Disponível em: https://www.calvertjournal.com/articles/show/2294/narkomfin-moscow-constructivism-renovation Acesso em 22.9.2016.

REED, Christopher. *Not at Home: The Suppression of Domesticity in Modern Art and Architecture*. New York, Thames and Hudson, 1996.

REGINO, Aline Nassaralla. *Eduardo Kneese de Mello – Arquiteto. Análise de sua Contribuição à Habitação Coletiva em São Paulo*. Dissertação de Mestrado em Arquitetura e Urbanismo, Universidade Presbiteriana Mackenzie, São Paulo, 2006.

_____. & PERRONE, Rafael Antonio Cunha. "Eduardo Augusto Kneese de Mello: Sua Contribuição para Habitação Coletiva em São Paulo". *Risco – Revista de Pesquisa em Arquitetura e Urbanismo*, n. 9, pp. 56-97, jan. 2009.

"RELÓGIO Mavado". *O Estado de S. Paulo*, 6.7.1958, p. 2.

RICE, Charles. *The Emergence of the Interior. Architecture, Modernity, Domesticity*. London, Routledge, 2007.

RIVERA, David. *Dios Está en los Detalles. La Restauración de la Arquitectura del Movimiento Moderno*. Valencia, General de Ediciones de Arquitectura, 2012.

ROBERTO, Marcelo & ROBERTO, Milton. "Um Edifício Tipo 'Duplex' no Rio". *Arquitetura e Construção*, n. 638, pp. 42-44, set.-out. 1939.

ROSSETTO, Rossella. *Produção Imobiliária e Tipologias Residenciais Modernas em São Paulo – 1945/1964*.

Tese de Doutorado, Faculdade de Arquitetura
e Urbanismo, Universidade de São Paulo,
São Paulo, 2002.

RUBINO, Silvana. *Lugar de Mulher: Arquitetura e Design Moderno, Gênero e Domesticidade*. Tese de Livre--Docência, Instituto de Filosofia e Ciências Humanas, Universidade de Campinas, Campinas, 2017.

SAMPAIO, Maria Ruth (org.). *Habitação e Cidade*. São Paulo, FAU-USP/Fapesp, 1998.

SEGAUD, Marion. *Antropologia do Espaço. Habitar, Fundar, Distribuir, Transformar*. São Paulo, Edições Sesc São Paulo, 2016.

SEGAWA, Hugo. *Arquiteturas no Brasil: 1900-1990*. São Paulo, Edusp, 1999.

SEVCENKO, Nicolau. *Orfeu Extático na Metrópole: São Paulo, Sociedade e Cultura nos Frementes Anos 20*. São Paulo, Companhia das Letras, 2003.

SILVA, Joana Mello de Carvalho. "Habitar a Metrópole: Os Apartamentos Quitinetes de Adolf Franz Heep". *Anais do Museu Paulista*, vol. 21, n. 1, pp. 141-157, jan.-jun. 2013. Disponível em: http://www.revistas.usp.br/anaismp/article/view/68801 Acesso em 12.9.2018.

SMITHSON, Alison & SMITHSON, Peter. *Without Rhetoric: An Architectural Aesthetic, 1955-1972*. Cambridge, The MIT Press, 1973.

SOIHET, Raquel. "A Conquista do Espaço Público". *In*: PEDRO, Joana Maria & PINSKY, Carla Bassanez. *Nova História das Mulheres no Brasil*. São Paulo, Contexto, 2016, pp. 218-237.

SOUZA, Luiz Felipe Machado Coelho de. *Irmãos Roberto, Arquitetos*. Rio de Janeiro, Rio Books, 2014.

SPARKE, Penny. *The Modern Interior*. London, Reaktion Books, 2008.

STRATIGAKOS, Despina. *Where Are the Women Architects?* Princeton, Princeton University Press, 2016.

TAFURI, Manfredo. *Esfera y el Laberinto: Vanguardias y Arquitectura de Piranesi a los Años Setenta*. Barcelona, Gustavo Gili, 1984.

UNESCO. *The Architectural Work of Le Corbusier. An Outstanding Contribution to the Modern Movement*. Paris, Unesco, 2016.

VILLA, Simone Barbosa. *Apartamento Metropolitano. Habitações e Modos de Vida na Cidade de São Paulo*. Dissertação de Mestrado, Escola de Engenharia de São Carlos, Universidade de São Paulo, São Carlos, 2002.

WRIGHT, Gwendolyn. *Building the Dream. A Social History of Housing in America*. Cambridge, The MIT Press, 1983.

ZABALBEASCOA, Anatxu. *Tudo sobre a Casa*. São Paulo, Gustavo Gilli, 2013.

ENTREVISTAS APRESENTADAS

Edifício Esther

GRIMALDI, Beto. Entrevista concedida a Sabrina Studart Fontenele Costa no apartamento 905 do Edifício Esther. São Paulo, 24.3.2017.

MELLO, Sergio. Entrevista concedida a Sabrina Studart Fontenele Costa no apartamento 904 do Edifício Esther. São Paulo, 12.5.2017.

Edifício Eiffel

ANDRADE, Elaine Kraide de. Entrevista concedida a Sabrina Studart Fontenele Costa no apartamento 114 do Edifício Eiffel. São Paulo, 11.4.2017.

BRÍGIDO, Marcelo. Entrevista concedida a Sabrina Studart Fontenele Costa no apartamento 35 do Edifício Eiffel. São Paulo, 11.4.2017.

GARCIA, Leon. Entrevista concedida a Sabrina Studart Fontenele Costa no apartamento 232 do Edifício Eiffel. São Paulo, 26.3.2018.

LUPIANHEZ, José Albino. Entrevista concedida a Sabrina Studart Fontenele Costa no apartamento 95 do Edifício Eiffel. São Paulo, 11.4.2017.

MARGOTO, Luciano. Entrevista concedida a Sabrina Studart Fontenele Costa no apartamento 71 do Edifício Eiffel. São Paulo, 13.3.2018.

NETA, Joanita Nascimento da Silva. Entrevista concedida a Sabrina Studart Fontenele Costa no apartamento 31 do Edifício Eiffel. São Paulo, 7.4.2017.

TOSTA, Cristina. Entrevista concedida a Sabrina Studart Fontenele Costa no apartamento 71 do Edifício Eiffel. São Paulo, 13.3.2018.

WODYLAWSKI, Leo. Entrevista concedida a Sabrina Studart Fontenele Costa no apartamento 194 do Edifício Eiffel. São Paulo, 2.5.2017.

Edifício Japurá

ARAÚJO, Carlos Egydio Correa de. Entrevista concedida a Sabrina Studart Fontenele Costa no apartamento 1230 do Edifício Japurá. São Paulo, 07.11.2018.

OLIVEIRA, Maria Ângela de. Entrevista concedida a Sabrina Studart Fontenele Costa no apartamento 1204 do Edifício Japurá. São Paulo, 11.12.2018.

QUEIROZ, Rodrigo. Entrevista concedida a Sabrina Studart Fontenele Costa no apartamento 612 do Edifício Japurá. São Paulo, 13.11.2018.

SILVA JÚNIOR, Clóvis Alves da. Entrevista concedida a
Sabrina Studart Fontenele Costa no apartamento
201 do Edifício Japurá. São Paulo, 29.11.2018.

SILVESTRE, Luís. Entrevista concedida a Sabrina Studart
Fontenele Costa no apartamento 224 do Edifício
Japurá. São Paulo, 13.11.2018.

SOUZA, Simone Cândido de. Entrevista concedida a
Sabrina Studart Fontenele Costa no apartamento
210 do Edifício Japurá. São Paulo, 29.11.2018.

ARQUIVOS E ACERVOS CONSULTADOS

Biblioteca Avery da Universidade de Columbia
(Nova York, Estados Unidos)

Biblioteca do Centro de Estudos Sociais da Universidade
de Coimbra (Coimbra, Portugal)

Biblioteca e Centro de Pesquisa da Arquitetura
e do Design (Architecture and Design Study
Center) do Museu de Arte Moderna de Nova York
(Nova York, Estados Unidos)

Biblioteca da Faculdade de Arquitetura e Urbanismo
da Universidade de São Paulo (São Paulo, Brasil)

Biblioteca da Fundação Calouste Gulbekian
(Lisboa, Portugal)

Bibliotheque de la Cité de la Architecture
et de Patrimoine (Paris, França)

Biblioteca do Instituto de Artes de Chicago (Chicago,
Estados Unidos)

Biblioteca Nacional, Rio de Janeiro (Rio de Janeiro, Brasil)

Foundation Le Corbusier (Paris, França)

Núcleo de Pesquisa e Documentação da Faculdade de
Arquitetura e Urbanismo da Universidade Federal
do Rio de Janeiro (Rio de Janeiro, Brasil)

AGRADECIMENTOS

Este livro é uma construção realizada durante quatro anos. Agradeço à Fundação de Amparo à Pesquisa (Fapesp) que possibilitou a pesquisa de pós-doutorado no IFCH-Unicamp entre 2016 e 2019 e viabilizou esta publicação. Foi um período intenso de pesquisa e de trocas em sala de aula, em eventos acadêmicos e nas conversas com moradores nos apartamentos visitados.

São muitas as pessoas que colaboraram com o planejamento e a concretização destas páginas impressas. Algumas leram partes dos capítulos, outras discutiram a bibliografia, muitas abriram as portas para conversas, outras simplesmente estiveram ao meu lado enquanto a solitária tarefa de escrever se mostrava necessária.

Agradeço inicialmente à Silvana Rubino, que lançou a ideia de um pós-doc na Unicamp ainda na minha banca de doutorado. Nesses dez anos que separam as duas pesquisas — entre avaliadora e supervisora — tornamo-nos amigas, companheiras de congresso, de viagens e de confidências. À Beatriz Kühl — referência bibliográfica, professora e amiga —, que insistiu na relevância da pesquisa e colaborou diretamente para a publicação deste livro. À Mônica Junqueira de Camargo e à Helena Ayoub, pela admiração constante em tantos aspectos da vida.

Essa pesquisa teve início a partir do seminário "Domesticidade, Gênero e Cultura Material", organizado pelo CPC-USP em 2014 sob a coordenação das professoras Joana Mello, Flávia Brito do Nascimento, Silvana Rubino e do professor José Lira. A esses quatro professores e colegas, devo aos debates promovidos pelo grupo o interesse em me iniciar na discussão de gênero e historiografia. À Joana Mello, agradeço ainda a parceria na redação de artigos, na coordenação de mesas e inspiração acadêmica. A Flávia Brito, Paulo Garcez Marins, Ana Castro e Marianna Al Assal agradeço a amizade e trocas entusiasmadas dos últimos anos.

É preciso destacar o carinho, companheirismo e atenção de Leonardo Novo em todo percurso. Quando na Unicamp iniciei o curso nas manhãs de sábado sobre Estudos Socioeconômicos da Arquitetura e do Urbanismo, conheci um monitor PED e ganhei um amigo e grande incentivador. Agradeço também ao Silvio Oksman por compartilhar inquietudes, batalhas, discussões dentro e fora da sala de aula. À Aline Regino, pela leitura cuidadosa dos originais, pelo incentivo constante e pela confiança.

Algumas alunas e estagiárias acompanharam também o trabalho e cuidaram comigo das várias etapas de pesquisa. Gabriela Piccinini e Yasmin Darviche me acompanharam nas visitas aos apartamentos, desenharam, discutiram e encantaram-se com as descobertas do trabalho de campo. Gabriela ainda se empenhou nos desenhos e redesenhos dos exemplos levantados, juntamente com a Renata Antonialli. Thays Guimarães colaborou com as transcrições das entrevistas e foi a companheira de viagem pela França, juntas visitamos arquivos, sebos, livrarias e também a Unidade de Habitação de Marselha. Dedico este livro ainda às alunas e aos alunos do curso de Arquitetura e Urbanismo da Unicamp e da Escola da Cidade, aos que compartilharam visitas técnicas, viagens de estudos, discussões em sala de aula.

Fernando Atique e sua dedicação acadêmica inspiraram esta pesquisa ao estudar com tanta profundidade o Edifício Esther. Obrigada por escutar, ler e compartilhar parte de sua pesquisa e de sua experiência tantas vezes. Cristina Tosta foi fundamental para que eu conseguisse acessar os moradores do Edifício Eiffel. Agradeço a ela e ao Luciano Margotto por serem os primeiros a me receber em seu apartamento no sétimo andar — ainda me lembro do encantamento ao ver pela primeira vez aquele espaço e aquela vista. Stella Bloise me abriu as portas de sua casa e me apresentou aos moradores do Edifício Japurá quando eu já tinha perdido as esperanças de acessá-los. A ela e ao Rodrigo Queiroz, agradeço pela entrevista e pelo acolhimento nas semanas de trabalho de campo. Agradeço ainda aos colegas de IABsp que trabalham incansavelmente pela nossa profissão, em especial a Fernando Tulio, Gabriela de Matos, Danilo Hideki, Mariana Wilderom e Karina de Souza.

Obrigada aos amigos que colaboraram para que o percurso acadêmico tivesse graça e sentido: Bia Rufino, Clevio Rabelo e Diego Matos. E aos amigos que tornaram os anos de pesquisa mais leves: Galciane Neves, Tiago Guimarães, Marília Borges, Beatriz Trujillo, Luciana Mattar, Ana Celia de Moura, Bruna Elias, Paula Rallo, Laís César, Carolina Urano, Silvia Romero, Mara Diógenes, Marina Barros, Thiago Costa e Andrei Roman. Também às queridas mulheres do primeiro grupo de leitura e estudo "Mulheres, Espaços e Práticas", Beatriz Dias, Beatriz Hubner,

Camila Reis, Erica Martins, Flavia Prado, Gabriela Tamari, Gabriela Gonçalles, Laura Di-Stephani, Laura Lourenção, Letícia Teodoro, Luisa Gonçalves, Maria Fernanda Simonse, Mariana Ginesi, Michelle Urano e Renata Campioto.

Agradeço ainda a Jô Santos e Lidiana Alves pela ajuda com a rotina.

À minha família, Helder, Ana Luiza, Livia e Luma, pela torcida. Ao meu sobrinho Guilherme que sempre dá novas e boas ideias para livros.

Ao Daniel, por segurar minha mão durante todo o percurso com os olhos brilhando. À Lina que me mostra diariamente que a vida pode ser leve e bonita.

TÍTULO Modos de Morar nos Apartamentos Duplex – Rastros de Modernidade

AUTORA Sabrina Studart Fontenele Costa

EDITOR Plinio Martins Filho

PRODUÇÃO EDITORIAL Aline Sato

PROJETO GRÁFICO E EDITORAÇÃO Casa Rex

PREPARAÇÃO DE TEXTO Carolina Bednarek Sobral

FORMATO 15 x 20 cm

TIPOLOGIAS Glosa Text e Object Sans

PAPEL Supremo 250 g/m² (capa) e Chambril Book 150 g/m² (miolo)

NÚMERO DE PÁGINAS 280

IMPRESSÃO Rettec